Des mariages

en Beauce....

A travers les discours de deux maires…

Ce village situé au bord du Loir vit tranquillement. Au cours des siècles, il a toujours été un lieu de passage. Selon les historiens, les romains traversaient à gué non loin du moulin et du lavoir. Cette voie romaine est devenue voie royale puis route nationale reliant la capitale aux terres du sud ouest et à l'Espagne par delà les Pyrénées. Au dix-neuvième siècle, le modernisme est arrivé avec le chemin de fer. Une station non loin du viaduc qui traverse le Loir permet aux habitants de rejoindre d'un côté Châteaudun et Tours et dans l'autre sens la capitale.

La Roche, le Croc Marbot, Mienne ou Saint Martin avec les bords du Loir : que de lieux pour les plaisirs d'été ! Les Coudreaux, Pruneville, Anouillet, le Plessis, le Tronchet.... et bien d'autres lieux-dit forment cette commune riche de souvenirs pour les jeunes qui ont passé beaucoup de temps dans ces recoins avec des jeux de leur âge jusqu'au moment de La Rencontre.....Sans oublier la fameuse piscine au bord du Loir qui en aurait à raconter !

Depuis la révolution, l'organisation de la vie dans notre pays donne les rênes de chaque commune à une assemblée dirigée par le maire. Son rôle n'est pas toujours facile. Il y a heureusement des moments de joie. Ce sont les célébrations de mariage. Le premier magistrat se fait un devoir de bien recevoir les jeunes – ou moins jeunes – qui convolent entourés de leurs familles et amis. Souvent l'accueil se fait avec un petit discours pioché dans la jeunesse de l'un ou de l'autre.

En une vingtaine d'années d'exercice et plus de 100 mariages, le maire a retracé une toute petite tranche de la vie de sa commune.

Bienvenue à Marboué

P.S. Les jeunes mariés se reconnaîtront sans doute, leurs prénoms n'ayant pas été modifiés. Certains détails des discours ont été supprimés étant trop personnels.

Ce recueil n'est qu'un plaisir de côtoyer la vraie vie au sein d'un village bien de chez nous.

« Vous êtes peut-être ici grâce à l'invention de votre ancêtre né dans notre commune il y a 165 ans. Ce brave docteur, célèbre chirurgien des hôpitaux de Paris, a été un grand innovateur en dotant la chirurgie de procédés et d'instruments nouveaux devenant celui qui est sans doute considéré comme le fondateur de la gynécologie moderne. La maison commune où nous sommes se situe dans la rue qui porte son nom. De plus votre grand-mère a appris à beaucoup d'enfants pendant la dernière guerre qui la remercient de leur avoir inculqué la connaissance dans l'école qui est mitoyenne de notre mairie juste derrière»

C'est un peu la surprise dans l'assistance d'apprendre l'arbre généalogique du jeune marié.

« Vous avez découvert aussi les plaisirs de l'eau dès votre plus jeune âge.

Une rivière calme longe le jardin en contrebas de la maison. Ce gamin inventif que vous êtes, s'y distingue souvent par quelques frasques ou bêtises de son âge lors des vacances ou des week-end. Il s'est surtout fait remarquer par son esprit créatif et ses réalisations. Un peu de fénéantise augmente fortement ce besoin de se distinguer, éblouir ses copains ou aussi être le premier. Sa barque a ainsi été transformée avec l'installation d'un mat et d'une voile rudimentaire : résultat ses copains devaient ramer comme des fous pour le suivre !

Il a continué à inventer pour réduire la fatigue et gagner du temps. Un système pour rejoindre l'eau, à bonne température l'été, a été installé. C'est ce qu'on appelle une tyrolienne : un câble tendu depuis le jardin avec une poulie. Notre inventeur descendait suspendu directement dans l'eau.

Ces qualités de créateur et d'inventeur, vous les avez conservées et bien exploitées, à force de travail vous êtes désormais à la tête de votre entreprise en tant que designer.

Autre passion, celle de la voiture ancienne. Nous savons que vous avez une 403 que vous choyez amoureusement sans doute moins que vous mademoiselle.... »

Alexandra et Yves

C'est ainsi que monsieur le maire a procédé à son premier mariage, premier d'une longue série.

En ce mois de juin, c'est un autre mariage qui attend notre maire. Cette fois-ci c'est une jeune fille qu'il connaît très bien en tant que voisine et aussi parce que c'est la fille d'un employé communal très dévoué.

« La salle des mariages est trop petite pour tous vous recevoir. J'ai un petit coup de cœur pour ce mariage et j'en suis ému. Depuis de nombreuses années nous sommes voisins avec la famille de la mariée. En particulier les bons moments sur la scène passés avec Claudine pour les pièces de théâtre et avec le bon climat relationnel entretenu avec Alain.

Vous avez sans doute apprécié la décoration florale à l'extérieur sur le parvis de la mairie. Le coupable de cette œuvre d'art est tout simplement le papa de la mariée !

Si Alain a un grand talent pour la réalisation et l'entretien des parterres de fleurs, il y en a certainement une qu'il a produite autrement et qui est certainement la plus belle : la mariée de ce jour.

Cette fleur est une rose sans épines, peut-être malgré tout avec quelques aiguilles comme celles qu'elle manipulait à l'école comme reine du tricot ou du crochet. Sans doute que son rugbyman est tombé dans ses crochets...

On m'a dit que vous êtes tous deux d'un tempérament calme, en pépère disent certains !

D'autres m'ont affirmé au contraire que vous aimiez la fête !

Entre copines aux fêtes de la SAM, lors des troisièmes mi-temps du ballon ovale... cherchez qui et où... »

Carine et Guillaume

Pas facile de s'exprimer devant des amis …

« Ce jour de février est très particulier pour moi. C'est en effet la première fois que je suis amené à célébrer le mariage d'une élue du conseil.

Tu es une personne avec laquelle j'entretiens une grande relation de confiance et d'amitié. Tu participes activement au conseil municipal dont tu es la plus jeune conseillère. Si tu apportes au dire de tous de la gaîté, tu es aussi très participative en défendant tes idées, quelquefois bavarde et perturbatrice. Ce sont des qualités et des défauts qui te permettent de passer tes messages avec sourire et bonne humeur. Tu t'investis aussi au CCAS sans oublier de faire démonstration de tes talents de danseuse...

Ton futur mari devra te prendre comme tu es : une vie à deux cents à l'heure : lycée, exploitation, élue et j'en passe ! Elle virevolte ou toujours à courir : c'est sans doute indispensable à son équilibre !

Votre union vous entraînera ensemble à la défense d'une agriculture moderne et ouverte aux attentes des consommateurs. Votre jeunesse, votre dynamisme, votre réalisme apporteront à ceux que vous rencontrerez une image positive de l'agriculture. Essayez de réconcilier l'agriculture locale avec son environnement et les habitants de la région, qui, quoique qu'on en dise, ont tous de la terre sous les semelles.

Ces consommateurs apprécient les paysages que vous entretenez et valorisez. Ils ne demandent qu'à mieux connaître votre monde, un monde duquel vous leur ouvrirez les portes... »

« Une élue bien les pieds dans la terre de Beauce ! »

Christelle et Antoine.

« Certains auraient pu dire que tu es une accourue dans notre agréable commune.

Quand tes parents sont arrivés ici, tu étais déjà étudiante à Tours. Il faut reconnaître que de ce côté là tu as presque brûlé les étapes : le bac en poche en 88 avec un an d'avance et le diplôme de docteur en pharmacie 7 ans après. Tu as découvert les bons coins de notre commune lors des vacances et de tes temps libres en venant chez tes parents.

Je n'ai pas compris comment tu trouvais le temps de faire les magasins avec ta maman, de faire du point de croix ou de t'essayer à la gouache.

La présence à tes côtés de ton papa et de ta maman est chère pour tous, aussi bien pour moi que pour l'ensemble des élus de la commune. En effet ton papa participe activement à la vie communale, c'est un homme sur qui on peut compter, modéré et de bons conseils qu'il est. Ta maman et mon épouse ont semble-t-il de leur côté, plaisir à travailler ensemble dans ce lieu de vie des petits dunois.

J'ai su aussi que tu avais eu des bons moments de joie et de distraction à la fac tourangelle : il y avait non loin de tes salles de cours celles d'un futur ingénieur généraliste. Il a même été diplômé avant toi.

Désormais il imagine et crée des éléments pour l'amélioration du confort de conduite et de la sécurité des autres.

A-t-il pensé te faire bénéficier de ces mêmes recherches ? Il se dévouera avec conviction pour toi comme tu te dévoues déjà pour les autres. »

Emmanuelle et Vincent

L'émotion d'officier de l'état civil est palpable lorsque la mariée est proche du maire par les bonnes relations entre parents.

« Ce mariage restera dans les annales de la commune. C'est le premier à être célébré dans la toute nouvelle salle du conseil et des mariages. La maison commune a été construite en 1883.

Ce début du XXIème siècle marque le renouveau et l'adaptation aux besoins actuels. Je pense que tout a été conçu et construit pour que la commune, et son personnel, ait le bon outil pour bon nombre d'années. Les travaux devaient se terminer pour le premier octobre, mais je suis intervenu auprès des entreprises pour que cette salle soit prête dix semaines plus tôt. C'est un jour de fête difficile pour vous, une maman tout là-haut doit vous regarder et se réjouir de cette union.

Après une scolarité, sage dit-on, au sein de notre école primaire, tu as participé activement aux associations locales, en particulier à la fanfare. Tu y étais remarquée comme musicienne avec ton clairon. Avec l'ensemble de la fanfare tu as animé les différentes manifestations festives ou patriotiques. Ton éloignement ne nous permet plus de t'entendre.

Ton mari épouse une femme qui connaît la musique et je pense que vous saurez orchestrer votre mariage avec brio. »

Christelle et Frédéric

Jour mémorable pour le maire. c'est le deuxième mariage du jour dans la salle des mariages tout juste achevée alors que les travaux de rénovation de la maison communale continuent.

« Les membres de votre famille se dévouent depuis longtemps au sein des associations de la commune et pour les en remercier j'ai pressé les entreprises pour que ce grand jour se passe dans cette splendide salle.

C'est un garçon sans histoires que j'ai face à moi. Une scolarité suivie avec sérieux ici même en primaire puis en secondaire à Châteaudun. La maison familiale est idéalement située : en bordure du Loir et riveraine de la piscine. C'est votre terrain de jeu, attiré par l'eau. Vous y avez trouvé le goût des petits bateaux qui voguent dessus... Vous-même désirant le faire aussi, vous avez épuisé quatre maîtres nageurs pour apprendre à flotter et avancer dans l'élément liquide... A seize ans, l'envie de savoir jusqu'où allait le Loir par delà la maison de votre voisin d'en face, vous décidez de voyager !

La Marine vous accueille comme apprenti mécanicien. Saint Mandrier est bien loin de la plaine de Beauce ! Toutes les mers du monde n'ont plus de secrets pour vous, les voyages-missions à bord du Jeanne d'Arc, du Foch ou du commandant Bourdais vous ont donné des coups de chaud en salle des machines mais quel bonheur de découvrir en ces contrées lointaines tant de cultures différentes !

En fin de compte vous constatez que la France, surtout la Beauce et Marboué ce n'est pas si mal.

A chacune de vos escales, votre famille et vos amis sont heureux de vous revoir et vous n'hésitez pas à aider les Samistes...

Votre chemin a croisé celui de celle qui est à votre côté aujourd'hui pour ce grand jour. Cette rencontre aurait-elle pu se faire à la piscine où le papa d'une belle jeune fille était maître nageur ? En tout cas l'amour fait les choses en grand : après de multiples lettres, le voyage à Marignane pour se retrouver a été un de ces jours gravés à jamais dans votre cœur. »

Claudia et Gilles

Un après-midi de juillet exceptionnel autour du bonheur de deux nouveaux couples.

« C'est avec votre petite Lola, qui est la quatrième génération de cette famille marbouésienne que vous venez pour officialiser votre mariage. Elle est arrivée sur cette terre que les mains de votre papa connait bien. Responsable des services techniques, il s'occupe du fleurissement qui met en valeur notre commune.

Grâce à lui nous avons évolué d'un simple prix d'arrondissement à un deuxième prix départemental. Nous espérons gravir encore un ou plusieurs échelons dans les années à venir.

Les bancs de notre école primaire t'ont accueillie puis les établissements de l'enseignement secondaire de Châteaudun t'ont permis d'entrer dans la vie active avec un BTS Action Commerciale. Ce diplôme t'a ouvert les portes d'un cabinet d'assurances à Bonneval. Tu es en charge des catastrophes, peut-être à l'origine de ta peur phobique de l'avion comme un certain retour de Strasbourg par les airs.

La fête d'été de la SAM en 1994 a fait basculer deux vies avec l'aide de Cupidon. Un fort beau jeune homme y participait. Ce n'était pas un inconnu de cette manifestation : il réside au Tronchet et il est déjà venu en ces lieux pour un mariage : celui de son frère Laurent l'an passé. Sa scolarité s'est déroulée aussi à Châteaudun où il a obtenu, à Paulsen, un BEP de maintenance. La rencontre aurait pu avoir lieu à Bonneval où il travaille, mais non, il a fallu que ce soit dans notre commune lors de cette fête.

Juillet 1995 c'est le début de la vie à deux et l'expérience des assurances avec un dégât des eaux à Châteaudun. L'année suivante, installation à Marboué, joueur de foot puis membre du comité directeur... un vrai marbouésien !

Depuis vous avez construit à la Haie Marty, Lola est arrivée et il ne reste plus que la dernière formalité que nous allons faire maintenant.

Lydie et Christophe

En quelques années, le maire a procédé au mariage de deux frères, de deux sœurs, tous quatre déjà marbouésiens.

« Tu es une vraie Marbouésienne. Tes parents y habitent, tu y as appris ton métier et même rencontré celui qui t'accompagne aujourd'hui.

Toi, tu es venu au restaurant de la commune pour ton apprentissage de cuisinier et de l'autre côté de la porte de la cuisine, en salle, exerçait une belle et agréable serveuse. Forte d'un sacré caractère, elle était toujours prête à se dévouer. Toi avec ton sourire, prêt à rendre service et dévoué à tes patrons tu n'es pas resté insensible au charme de cette belle serveuse.

De cette idylle au coin du fourneau, aidés par une bonne table, vous vous êtes rapprochés et c'est ainsi que sont nés trois petits marmitons que j'ai plaisir à voir réunis autour de vous avec vos familles comme pour la pièce montée de cette journée mémorable.

Vous travaillez toujours ensemble, même si tu es actuellement en congé parental pour t'occuper de votre remuante progéniture.

Le dernier projet se réalise enfin : quitter votre logement HLM et résider à Marboué. Les aléas administratifs, dont certains totalement incompréhensibles, ont retardé la construction des cinq dernières habitations du Logement Dunois mais ça y est c'est fait.

Rencontre, travail, logement, Guillaume, Thomas, Benoît, tout vous réussit. Il ne vous reste plus qu'une chose très importante à accomplir, une chose que je vais faire avec plaisir : c'est votre mariage auquel nous allons maintenant procéder. »

Nathalie et Christophe

« Il y a moins d'un an s'achevaient les travaux de cette nouvelle salle des mariages. Je suis heureux de vous y accueillir avec toutes vos familles.

Vous êtes tous attachés à notre village des bords du Loir depuis plusieurs générations : plusieurs membres y sont installés définitivement si ce n'est pour la vie active ce l'est pour la retraite. Madeleine et Gérard, ici présents en sont un bon exemple et que je connais bien en tant que voisins et amis.

Votre grand-mère, du haut de ses quatre vingt quinze printemps est toujours très active mais devra patienter pour devenir notre doyenne : trois « gamines » plus âgées qu'elle conservent toujours bon pied bon œil ! Son souhait de voir sa rue Léon Provendier refaite va se réaliser : les travaux vont commencer dans quelques semaines.

Jeune homme, tu as passé tes vacances à arpenter la commune à vélo avec tes parents et ton frère et aussi faire des plongeons à la piscine avec les copains. C'est d'ailleurs lors d'un anniversaire chez des amis communs qu'une rencontre avec celle qui est à ton côté a décidé de votre avenir. Ce coup de foudre lui a fait connaître notre commune et tous ses attraits.

Nous mettons tout en œuvre pour garder son caractère traditionnel et convivial pour que vos enfants y trouvent le plaisir d'y venir. Nous pensons qu'ils s'y feront une solide et saine personnalité sur les terrains d'aventure et de découverte que recèle les petits coins de notre village.

Belle rencontre, du travail, Marine et Brian pour vous accompagner : c'est le bonheur que vous officialisez maintenant. »

Catherine et Philippe.

« Tu représentes au moins la quatrième génération qui franchi la porte de notre mairie pour se marier après tes arrières grands-parents, tes grands parents maternels et tes parents. Tu avais pensé avec ta sœur Clotilde à faire un mariage fastueux à Las Végas mais tu es restée plus traditionnelle en étant ici aujourd'hui.

A trois ans, à ton entrée en maternelle tu as trouvé un refuge en te collant aux jupons de madame Champagne. Tu t'es vite transformée en fillette agréable et en camarade fidèle. Tu as d'ailleurs encore beaucoup d'attaches chez nous. Ton papa Jacky footballeur t'a entraînée au sport. Tu as défendu les couleurs de la SAM, Société Amicale de Marboué, au sein de la section volley. Tu as continué dans l'eau en entraînant les jeunes nageurs du club de natation, sport que tu as longtemps pratiqué à Châteaudun.

Avec Michèle, ta maman, tu as été une participante active aux fêtes locales. Aussi tu n'as pas eu peur du public sur la scène de la salle des fêtes avec la troupe théâtrale. Les nocturnes de la SAM t'ont vu danser sous le pont marbouésien. Tu as de qui tenir : ton grand-père, Lucien Renault a longtemps été au service de la commune : élu, chef des pompiers et toujours plein de souffle pour sonner du clairon.

En plus du sport et des activités culturelles on nous a dit que tu excelles à la maison et que de la broderie naît sous tes doigts de fée : des beaux cadeaux que tu aimes offrir. Autre chose que tu as réussi : les études à Châteaudun, Tours, Orléans. Finalement tu as suivi ta maman : elle est directrice de notre école élémentaire et tu es devenue professeur des écoles.

Celui qui t'accompagne est né à Nancy et a voyagé à travers la France en suivant son père. Finalement vous vous installez en Indre et Loire. Grand sportif vous faites votre service militaire en Dordogne en tant que gendarme auxiliaire. Un gendarme prénommé Dominique devient votre ami. C'est le début d'une série de rencontre.

Dominique est affecté à Châteaudun. Il accompagne le futur marié dans une visite de courtoisie à Jacky au logement de fonction de l'école. Un regard et la fille de la maison lui tape dans l'œil. Quelques années plus tard, Dominique fête son retour de Guyane avec son épouse Elsa. Son amie est la jolie fille aperçue dans la maison de l'école et elle est présente à cette soirée qui a lieu à quelques mètres d'ici. Cette soirée est le début de votre aventure qui se confirme aujourd'hui devant nous. »

Clarisse et Jérome

« Ton papa t'a appris à claironner dès tes huit ans, il était obligé en tant que le dévoué chef de notre fanfare qu'il est. Ton frère Wilfrid a aussi appris comme nombre de Marbouésiens. C'est d'ailleurs un musicien, plutôt guitariste, qui est aujourd'hui à ton côté.

Ton enfance au bord du Loir s'est prolongée par une scolarité sans problème. Tu étais souvent occupée à peigner tes poupées, ton rêve de devenir coiffeuse s'est réalisé : apprentissage à Chartres, un tour par un salon à Brou puis enfin vous donnez des coups de peigne à Châteaudun. Cette passion pour la coiffure ne vous a pas empêché une rencontre au rayon fruits et légumes du supermarché des Garennes tout près d'ici.

Ce beau jeune homme est natif de Châteaudun et votre famille réside à quelques kilomètres dans un village où leur nom est associé à une entreprise qui vient de fêter ses cent ans d'activités. Le métier de la famille ne vous a pas « branché » et après des études dans le monde de l'agriculture et le commerce vous atterrissez à ce fameux rayon fruits et légumes. Vous n'y êtes pas restés et après un passage au bricolage vous changez de direction et désormais vous devenez agent de production à la Paulstra.

Cette période de rayon fruits et légumes et le flash de cette belle jeune fille pour vous n'a pourtant pas été le moment de rapprochement entre vous. C'est lors du mariage de Simon votre frère, que la mariée de ce jour, Virginie, a invité une copine. Installés l'un à côté de l'autre vous avez fait connaissance mais la drague, même à fond, n'a pas donné le résultat escompté. Un mois plus tard, le travail paie enfin.

Ce rapprochement de vos deux êtres a fait que vous avez adopté le même toit cinq mois plus tard. Dans ce nid douillet, une ménagère et ravageuse de poussière était à l'œuvre en permanence. Moins d'un an après cette installation un petit Louys poussait ses premiers cris. Vous avez même investit dans une maison à Dheury espérant que vous ne serez pas obligé de perdre votre collection de pièces de monnaie.

J'ai remarqué que cette date n'a pas été choisie au hasard : c'est le jour de l'anniversaire de cette belle mariée qui est devant moi. »

Magalie et Fabrice.

« C'est pour une double cérémonie que nous sommes réunis aujourd'hui dans notre mairie. Vous avez désiré prolonger votre union par le baptême civil de votre fils Dylan. Un tel baptême n'avait pas eu lieu depuis plus de 25 ans dans notre commune.

Native de Jallans, vous y avait suivi les différentes classes de l'école primaire avant d'intégrer le collège dans le quartier Beauvoir puis de réussir votre BEP vente au lycée de Nermont. Vous exercez maintenant vos compétences dans les fruits et légumes.

Devant moi, j'ai un Dunois qui a la même passion que moi : la moto. Après un CAP de mécanicien, vous vous êtes donné pour votre passion chez Develay, le spécialiste Dunois du deux roues. C'est là que j'ai acheté mon premier casque en 1972 et j'y ai fait des aller et retour pour des remises en état de fourches sur ma 250... Ce serait bien de réunir un jour prochain les nombreux motards de la commune pour se retrouver autour de notre passion et de faire une virée ensemble. Aujourd'hui votre passion n'est plus votre activité professionnelle, mais vous n'avez pas tout à fait quitté le monde de la route étant passé à la fabrications de pièces en caoutchouc pour les voitures automobiles.

Il y a maintenant dix-huit mois, en août 2001, vous avez investi dans une maison avenue du 15 août où est arrivé en novembre de cette même année le petit Dylan.

C'est un plaisir pour un maire d'accueillir des parents dans la commune et de savoir qu'il y aura un enfant de plus pour rejoindre l'école de la commune : c'est notre avenir à tous. Plaisir d'autant plus grand que certains m'ont dit que vous avez avancé la date de cette cérémonie pour permettre à un deuxième bébé de venir vous rejoindre en toute quiétude. Ils pourront au cours de leurs ébats venir profiter des nouveaux jeux qui seront installés tant à l'école qu'à la base de loisirs avec la piscine. »

Virginie et Frédéric.

« C'est une jeune fille que j'ai connue toute petite : la distance entre la maison de tes parents et la mienne est courte et je t'ai vue grandir. Tu as eu le plaisir de vivre non loin de la maison de tes grands parents et de ton frère. Je vois d'ailleurs que je connais beaucoup de tête dans ceux qui t'entourent aujourd'hui pour cette cérémonie importante pour la suite de votre vie.

Une scolarité sans problème dans notre école primaire puis au-delà jusqu'à réussir deux BTS. Les études ne suffisant pas à la petite fille, elle s'est lancée dans la musique. Cette passion est de famille, ton papa est le sympathique animateur de nos soirées de fête nationale qui fait danser et s'amuser les marbouésiens. Tu as animé un banquet de nos anciens au clavier de ton orgue et maintenant tu grattes ta guitare pour ton plaisir sans grincement de ceux qui t'écoutent.

C'est un passionné de vélo qui t'as tapé dans l'œil sur une plage ensoleillée... Je ne sais pas si vous avez découvert la Beauce à vélo, ce n'est pas ce pays si plat qu'on le dit, il y a quelques petites grimpettes et il y a le vent, soit d'est, soit d'ouest qu'il faut vaincre en appuyant encore plus fort sur les pédales. Natif de l'est du pays, le travail après un DUT, vous fait découvrir Orléans.

J'ai remarqué que vous travaillez tous les deux dans notre capitale régionale dans une entreprise de transport, pas la même, deux différentes ! Y a-t-il une rivalité professionnelle ? Quelque soit celle-ci, je suis sûr qu'elle s'arrête à la porte du travail et que dans votre appartement au bord de la Loire il y a d'autres sujets de conversation.

Rencontre, travail, appartement, que vous manque-t-il ? Rien sauf ce qui va suivre, votre mariage auquel nous allons procéder. »

Aurélie et Loïc.

« C'est une journée particulièrement importante pour vous : c'est votre mariage et particulière pour moi : je ne suis qu'assistant de l'officier d'état civil qui va procéder à cette union. Cet officier vous le connaissez bien : je lui ai délégué mes attributions d'officier d'état civil : c'est René, mon cher ami, et surtout votre papa. Je ne doute pas qu'il accomplisse avec plaisir et émotion cette mission.

Notre amitié et notre complicité ne date pas d'hier et nous les entretenons sur les routes lors de nos balades à vélo. Quelques fois, pris par nos conversations, nous ne sommes pas rendus compte que les aiguilles des montres avaient tourné...

C'est sa doute cette complicité qui a participé à l'entrée de René au conseil municipal en 1989. réélu en 1995, il a fait un score de pays bananier en 2001 avec 92 % des suffrages ! Je suis toujours à l'écoute de ses réflexions et des ses propos emprunts d'une grande sagesse.

Revenons à toi qui me pardonneras sans doute de t'avoir pris souvent le dimanche matin ton papa alors qu'avec ta sœur tu aurais préférer l'avoir totalement pour vous.

Tu as fait toute ta scolarité non loin du Loir, d'abord ici à l'école primaire, ensuite le collège Anatole France puis le lycée Émile Zola à Châteaudun. Avec le bac en poche tu te lances dans deux années de DEUG... En parallèle de tes études tu n'as pas oublié les activités sportives avec les entraînements et les compétitions de natation et ta passion pour le volley. Un forte volonté avec un sacré caractère – même de cochon auraient dit certains qui te connaissent bien – t'aide à supporter les aléas de la vie. Hier était une des ces journées que tu hais le plus et que tu passerais bien au lit : nous étions vendredi 13 !

Mais aujourd'hui tu es avec celui que tu as rencontré au club d'agility, lieu de passion commune. Les animaux sont d'ailleurs bienvenus dans votre maison de Manthelan : un chat noir (et la superstition ?), deux chiens et le lapin nain Bunny. Les belles voitures, le tunning, les rallyes sont des sorties masculines mais partagées.

Autre partage : celui qui vient maintenant, votre mariage. »

Céline et Romain.

« C'est aujourd'hui le mariage d'une jeune fille issue du même quartier que moi. Ton futur époux est lui aussi de ce canton dont je suis élu. Tes parents ont construit leur maison en même temps que nous et c'est un bonheur de vous recevoir dans notre mairie.

Tu as découvert toute petite notre commune où ta maman était institutrice. Si maintenant elle exerce son art, car enseigner en est un, dans d'autres écoles, elle n'oublie pas Marboué : elle fait partie du conseil d'administration de notre nouveau comité des fêtes. Ton papa n'a pas voulu vivre une retraite sans goûter au plaisir des enfants. C'est ce qui le fait se lever de bonne heure tous les jours pour conduire nos collégiens et lycéens dans leurs établissements respectifs.

A l'école tu étais en apparence très timide et réservée. Ce n'était qu'en apparence seulement car ne disais-tu pas à ta mère, quand tu voulais quelque chose, que c'était la maîtresse qui le demandait et quand tu revenais à l'école « c'est ma maman qui me l'a dit » N'as-tu pas signé quelques fois les punitions de ton petit frère pour le protéger ? Et j'en passe de tes ruses ! Tu étais un peu bavarde quand tu étais à côté de Damien, mon fils, aussi incorrigible que toi. Ça devait être dur d'avoir sa maman maîtresse d'école !

Tu as trouvé un emploi, temporaire pensais-tu, dans une grande surface en attendant d'incorporer l'armée, un souhait de longue date. Ce lieu de travail était aussi celui de ton futur mari qui, lui espérant ne pas rejoindre l'armée, ne se doutait pas d'une telle rencontre sur son lieu de travail. Ce coup du destin vous amène aujourd'hui devant nous pour votre mariage, moment heureux pour tous avec le but de former une famille avec des enfants qui seront heureux sur les bords du Loir.

Il paraît que vous avez le souhait d'avoir une dérogation spéciale pour réduire le délai légal de neuf mois qui court de ce jour pour le ramener à quatre seulement. Je prendrais bien volontiers cet arrêté mais il sera certainement, une fois encore, contesté par le sous préfet. »

Ségolène et Régis.

« Ce mariage est une première pour moi et peut-être pour notre commune. En effet nous avons le plaisir de recevoir une famille anglaise qui vient officialiser chez nous l'union de leur fils avec une belle marbouésienne.

Je vous souhaite la bienvenue dans notre commune, lieu déjà habité à l'époque des Romains et avec des traces d'habitat encore plus anciens. Vous aurez sans doute le temps de découvrir notre région avec les vallées du Loir et de la Conie et surtout le château de Châteaudun à quelques kilomètres.

Ce château a été la demeure de Jeanne la pucelle qui a combattu vos ancêtres au XVème siècle. Il y a longtemps que la réconciliation est faite, la preuve avec cette journée.

Tu as vécu dès ta jeunesse dans notre commune où ta famille est fortement investie dans la vie locale. Ton papa est toujours dévoué pour les autres dans la vie courante et surtout au sein de nos sapeurs pompiers. De son côté ta maman, très dynamique, est active surtout au sein de l'association culturelle de notre ami René. Chaque année les nombreux spectateurs des soirées annuelles attendent avec impatience le final souvent déjanté qu'elle met en scène avec les pompiers qui n'hésitent pas à dévoiler leurs gambettes et à se lancer dans des danses infernales.

Tu as eu une scolarité sans histoires à part une jambe cassée lors de vacances de neige – le dernier jour heureusement – Après notre école primaire, collège et lycée à Châteaudun puis Orléans pour la faculté. Je ne sais pas si ce voyage retour de classe de neige avec une jambe dans la plâtre t'as donné des idées d'horizons nouveaux, mais tu es rapidement partie à Londres pour perfectionner ton anglais. Travaux de ménage dans un collège : est-ce le bon stage ? En tout cas tu y as rencontré un beau jeune homme totalement ignorant de ta langue maternelle. Tes études terminées tu retournes à Londres chez Eurostar à Waterloo. Ton amoureux fait des efforts pour te rejoindre le plus souvent possible alors qu'il termine ses études en Écosse.

Ces allers et retours, ces kilomètres, ce barrage de la langue : aujourd'hui c'est terminé puisque vous êtes devant moi pour votre mariage auquel nous allons procéder. »

Mélinda et Rory.

« C'est déjà une famille qui est devant nous aujourd'hui. Théo accompagne ses parents pour qu'ils disent oui devant tout le monde et toutes leurs familles.

C'est une jeune fille de mon quartier qui se présente : nous avons construit nos maisons à la même époque. Mais avec Claude, notre histoire a commencé bien avant, sur les bancs d'une école d'une autre commune où nous avons usé nos fonds de culotte à peu d'années d'intervalle. Et nous nous retrouvons aujourd'hui pour cette journée de fête. Même de double fête, puisque vous avez choisi sciemment cette date du 16 avril pour votre mariage, tes parents avaient fait de même il y a vingt-huit ans.

Ton père, même en exil provisoire en terre voisine, n'oublie pas l'association culturelle de notre ami René pour faire rire tout le monde avec ses talents de comédien et surtout de comique troupier.

Assidue à l'école, tu étais trop complice avec Jérome ton jumeau et tu as dû continuer à Bonneval. Tes attaches à Marboué étaient fortes et tu as fréquenté notre club de natation de 1990 à 1996. Je vois d'ailleurs dans notre salle de mariage beaucoup des nageurs avec qui tu as passé de bons moments. Après ton bac à Jehan de

Beauce, tu t'es orientée vers un métier qui demande beaucoup de dévouement et de solidité morale. Avec ton diplôme d'infirmière tu t'es mise au service des autres à la maternité puis en pédiatrie à l'hôpital de Dreux.

Tu as profité d'une escapade au soleil de la Martinique de tes parents pour taper dans l'œil d'un accouru de la région parisienne suite à une bonne idée d'amis communs. Deux ans plus tard nouvelle rencontre à Bonneval puis de plus en plus près l'un de l'autre à Dreux. S'occuper des enfants des autres vous a donné l'idée de choyer votre propre enfant et toute la famille a fait la connaissance de Théo le 6 octobre 2004. Il pourra sans doute, comme sa maman, profiter de tous les avantages de notre commune en venant chez ses grands-parents avec peut-être un frère ou une sœur

Maintenant est arrivé le moment de procéder à votre mariage.

Céline et Dominique.

Les bords du Loir t'ont attirée dès ta tendre enfance. Avec tes amis tu as découvert notre piscine bucolique et tous ses plaisirs. Tu es venue dans notre commune avec tes parents lorsqu'ils ont repris avec succès le restaurant au centre du village au bord de cette très fréquentée route nationale 10. Les gourmets de passage et nos concitoyens ont apprécié les bons petits plats de cette Toque Blanche. Beaucoup t'ont aperçue lors de certains services quand tu aidais tes parents.

Tu connais bien le Loir et la Conie pour avoir fréquenté les écoles de Donnemain, Moléans et Saint Christophe. Tu as fait ta communion solennelle dans notre église. Le collège Anatole France et le lycée Émile Zola t'ont vu faire de brillantes études que tu as continuées à Orléans pendant deux ans en Langues Etrangères Appliquées. Ensuite tu découvres à Tours l'école de commerce.

J'ai eu beau chercher, cette jeune fille devant moi, n'aurait que des qualités. A celles des études tu as ajouté le sport. La course, pour être exact de vitesse, a été ta spécialité avec même des podiums départementaux et régionaux, sans oublier de bons résultats au niveau national.

Un Normand a réussi à t'attraper et apparemment sans courir. Non loin de la basilique de Lisieux sa scolarité s'est déroulée sans problème à l'institut Frémont. Passionné des autres, il a embrassé le scoutisme. Louveteau, pionnier, compagnon puis chef... Après une prépa HEC à Caen il réussit le concours d'entrée à l'école de commerce de Tours. Cette même école que fréquente celle qui est ici. Par contre ce n'est pas là que la rencontre décisive a lieu. Vous n'étiez pas de la même année.

Guillaume et Malita vous ont invités à une petite fête sans savoir que la foudre allait frapper vos deux cœurs. Tellement profond qu'un mois plus tard vous décidiez de vivre sous le même toit. Un petit intermède pour souhaiter longue vie à la petite Carla née il y a moins de deux semaines. Sa maman est Malita et son papa Guillaume ! Ce toit ne reste pas le seul à vous avoir abrité. En cinq ans vous avez déménagé cinq fois pour apaiser votre soif de découverte professionnelle et culturelle. Vous effectuez même presqu'une année à Milan.

Une envie de se poser un peu entre deux voyages et quelques glisses sur les pistes de ski, des carrières professionnelles bien engagées, vous devenez propriétaires à Montreuil et vous officialisez votre vie commune devant nous aujourd'hui.

Virginie et Maxime.

Un papa sapeur-pompier, Jean-Baptiste, mon premier fils, ton copain d'école, tu es un enfant de la commune. Ton institutrice de maternelle se plait à rappeler quel groupe de copains très drôle vous formiez. Tu n'avais pas ton pareil pour jouer aux cartes : c'était bien plus passionnant que la culture que la maîtresse tentait de t'inculquer. Tu as d'ailleurs trouvé ta voie en dehors des parcours classiques. Deux années en école privée puis direction le lycée de Nermont pour une formation cuisine, commerce et service. Ta décision est prise : ce sera un métier de bouche. En alternance avec le CFA des Chaises, tu prépare ton CAP de boulanger pâtissier en deux ans à Saint Jean puis deux autres années en cuisine dans notre commune. Tu as continué à te perfectionner dans des grandes chaînes hotelières où tu as laissé, comme partout un bon souvenir.

Les écoles de Luisant et de Saint Georges sur Eure ont fait apprendre les chiffres à une toute jeune fillette. Cet amour des chiffres va être cultivé à Jehan de Beauce jusqu'à un bac STT Compta. Le BTS a été obtenu dans la foulée en alternance au sein d'une grande société comptable qui te compte toujours dans son effectif.

Un certain Jérôme, témoin ici aujourd'hui, était en exil forcé du côté de Bonneval et a organisé son anniversaire. C'est ce jour qu'une rencontre décisive a eu lieu autour des slow au Don Quichotte après d'étranges grillades au camping.

Le spécialiste du pain et des bons gâteaux a pensé au fond de lui-même qu'une belle jeune fille douée pour la comptabilité ne pouvait que tracer l'avenir : un homme de l'art pour le travail de qualité et une femme à la gestion, rien de tel pour mener à bien une entreprise.

Le rapprochement s'est fait rapidement avec l'installation d'un ravissant petit nid à Lucé et un peu plus tard vous officialisez vos fiancailles par un tête à tête à Deauville, mais nous ne savons pas si c'était dans un grand palace.

Aujourd'hui c'est le jour du vrai départ à deux.

Sophie et Ludovic

Autour de vous toute votre famille est réunie avec en particulier Yanis et Carla vos enfants. C'est un marié qui a ses racines ancrées dans notre commune. Gabrielle, votre grand-mère, toujours aussi pimpante et dynamique, est notre doyenne et flirte avec la centaine de printemps. C'est la coqueluche du village et nous espérons se revoir bientôt pour fêter ce passage à plus de cent ! Il ne faut pas oublier dans cette évocation votre arrière grand-mère qui a tenu au début des années trente le premier hôtel restaurant de la commune : La Pointe. Il y a près de soixante dix ans, elle a aussi tenu le bar de notre piscine.

Ici, vous y veniez pour les vacances et tous les attraits de la commune n'avaient pas de secrets pour vous : la piscine, la pêche, les promenades et les ballades en bateau sur notre belle rivière. Vous adoriez aussi les retraites aux flambeaux de la fête nationale. Vous y ferez participer vos enfants.

Votre scolarité se passe à Champigny, lieu de résidence de vos parents, sans problèmes. Vous intégrez ensuite une école de routiers et dès les premiers déplacements votre passion grandit encore. Une envie de grands espaces vous emporte pendant cinq ans au Canada où les camions sont autrement impressionnants que ceux qu'on voit tous les jours sur nos nationales. A votre retour, vous entrez dans une société de transports où vous avez rapidement des responsabilités.

Un jour de septembre, un des chauffeurs a un accrochage avec un autre véhicule. Le conducteur fait appel à son avocat et vous avez la charge de régler ce litige. La voix de la correspondante du cabinet d'avocat, douce et charmante, vous guide vers la résolution du problème mais elle vous trouble. De trouble en invitation d'un resto, le pas est vite franchi.

La voix a un visage : celui d'une jeune fille issue de Chateaubriant en Loire-Atlantique. Une soif de découverte envoie celle qui a terminé ses années lycée, pendant un an outre atlantique et puis c'est le passage par une fac d'anglais à Nantes. Vous trouvez un travail à l'accueil de ce cabinet d'avocats parisiens, ce cabinet dont vous êtes la voix qui a charmé celui qui vous accompagne aujourd'hui devant nous.

Firenate, votre chat vous accompagne dans l'appartement devenu commun. Yanis et Carla agrandissent la famille alors que commence les activités de votre propre société de transports. Vous résidez maintenant à Versailles, ville dont une partie de votre famille est originaire. Chez nous vous avez investi dans une grande maison qui va devenir une résidence de vacances avec quatre appartements.

Christelle et Ludovic.

Emma et Mathéo vous accompagnent aujourd'hui pour ce jour mémorable qui est celui de votre mariage. Vous êtes entourés de votre famille, de vos amis et d'une partie de notre population.

Vous avez vécu tous les deux en région parisienne.

En jeune homme décidé, vous vous dirigez vers la boulangerie pâtisserie et votre CAP vous permet d'entrer dans la vie active. Fidèlité oblige, vous travaillez dans l'établissement où vous avez fait votre apprentissage.

Quel plus bel avenir pour une jeune fille que de s'occuper des enfants. Donc vous réussissez votre BEP Sanitaire et Social après quelques événements qui prouvent votre passion pour les enfants. En effet vous partez en vacances en Ardèche avec votre cousine, pour une semaine. Mais une semaine c'est trop court et avec l'accord de maman vous prolongez votre escapade en Vendée chez votre oncle pour y retrouver votre frère. Surprise votre frère a invité un copain. C'est un beau et vigoureux garçon déjà « bon comme du bon pain » Cette escapade s'est transformée en trois semaines de bonheur et c'est le début de la plus belle aventure de votre vie.

Un an plus tard Emma pousse son premier cri ! Cette naissance ne vous arrête pas dans vos études que vous terminez à la fin de l'année scolaire quelques mois avant l'arrivée de Mathéo. Vous vous occupez de vos enfants puis vous trouvez un emploi dans une école maternelle. Cet emploi ne sera que de courte durée : vous vous lancez dans l'avenir en reprenant notre boulangerie. Sept mois plus tard Tom vient égayer votre foyer et rejoindre son frère et sa sœur.

Jeunes parents, jeunes entrepreneurs, votre dynamisme et votre motivation ont été rapidement prouvés et récompensés par le premier prix du pain de la route du blé dès votre arrivée et l'année suivante vous récidivez. Depuis votre arrivée vous avez su vous faire apprécier de tous par la qualité de votre travail et votre gentillesse en accueillant les clients. De plus vous êtes rapidement intégrés avec par exemple votre participation à nos journées du terroir.

Sachez que nous vous avons adoptés et sommes heureux d'accueillir vos enfants au centre de loisirs ou à l'école. Nous souhaitons vous conserver le plus longtemps possible à la boulangerie pâtisserie.

Lydie et Sébastien.

C'est ma petite voisine qui est devant moi pour le plus beau jour de sa vie comme on a l'habitude de dire. Il y a en effet plus de vingt sept ans que tes parents sont devenus mes voisins. Ils m'ont dit que tu étais leur deuxième bêtise puisque tu es née, comme ta sœur à Cambray. C'est la mutation de ton père qui te fais faire la route jusque chez nous.

Tu as fait toute ta primaire chez nous et, dès le CP, madame Massuard avait déjà remarqué ta passion pour l'école et ta maîtresse pensait que tu deviendrais institutrice. Très tôt tu participes à la vie associative de la commune en participant aux spectacles – je pense d'ailleurs que tu nous chanteras tout à l'heure le lapin chasseur de Chantal Goya – en faisant même la mise en scène d'Astérix en CM2 ! Tu avais une autre corde à ton arc : la natation, domaine où tu excellais aussi. Ensuite tu rejoins ta sœur en internat et le bac scientifique avec mention termine ce passage agrémenté d'un voyage mémorable de trois semaines à Tahiti. Diplôme en poche tu retournes dans ton nord natal et tu remets ça : DEUG de maths, licence d'informatique et le concours de l'IUFM d'Arras. En parallèle tu soignes ta passion pour les enfants en passant le BAFA.

Pour ton premier poste de professeur des écoles tu es nommée à Arras puis ensuite tu es mutée à Harmes où tu prends le poste de directrice. Peu de temps après tu fais l'acquisition d'une maison. Tu continues ton chemin mais seule.

Internet te permet d'occuper tes soirées et le système te dirige par hasard sur une mystérieuse personne. Un matin vous vous partagez un chocolat chaud dans un café. Cet étudiant vide même ses économies pour t'offrir le repas au restaurant. Vous faites respectivement connaissance de la sœur, du frère, des futurs beaux-parents.

Le travail vous séparent, le travail chez un hébergeur étant remplacé par la CPAM mais c'est le retour à la maison : à Reims. Et Reims c'est loin de Harmes. Cette séparation se poursuit jusqu'à la veille de la rentrée : les facéties des fonctionnaires et les joies de l'administration ne t'avaient pas prévenues : tu es mutée auprès de celui qui est là auprès de toi.

Tout s'enchaîne donc pour vous : l'engagement de ce jour et la future vente de ta maison pour investir dans votre cocon à vous deux, à proximité de votre travail et assez grand pour accueillir sans doute un futur bébé.

Céline et Jean Eudes.

La grande route qui mène de Chartres à Orléans ne passe pas loin de la maison de tes parents. Bien que né dans les Yvelines, à Trappes, tu fréquentes les écoles de notre département avec une dépense énorme d'efforts (je n'ose pas parler des moments de patience de tes parents !), efforts récompensés par un diplôme professionnel du bâtiment. Ce diplôme te fait travailler sur les toits mais cela ne te convient pas et tu quittes ton patron « sans y laisser d'ardoise ».

Tu quittes la vie au grand air pour « humer avec délectation » les bonnes odeurs chez un parfumeur chartrain. Ce n'est encore qu'un passage et à la suite, pendant un an de galère, tu uses tes chaussures sur les routes. France Télécom t'ouvre ses portes et tu deviens téléconseiller. En même temps tu te dépenses physiquement en pratiquant le foot et le cyclisme. Heureusement pour récupérer, tu fais les pauses petit écran : Ulysse, Power Ranger, Capitaine Flam, Albator puis les Inconnus et les Nuls.

Tu as le temps malgré tout de te défouler dans les soirées entre amis. Ils ont rapidement admiré ta zen attitude : doucement le matin et pas trop vite le soir » et ton énorme générosité.

Le Perche t'a accueillie après ta naissance à Châteaudun. L'école primaire de la Bazoche Gouët puis le collège d'Authon du Perche ont fait que tu as réussi ensuite sans difficultés ton BTS action commerciale. Entre temps tu as découvert notre commune avec ses bords du Loir. Tu as marché au pas et dansé avec les majorettes, tu as travaillé pendant les vacances dans le maraîchage et tu es une spécialiste de la cueillette du melon. De temps en temps tu prends plaisir à tenir la caisse du magasin familial d'électro-ménager. Depuis tu as trouvé un emploi au Crédit Agricole.

Soirées entre amis, shopping, voyages au soleil : tes principales passions comme les films où tout finit bien : tu y dévoiles ton extrême sensibilité. Puis vos vies ont croisé une bonne fée qui s'appelle Internet.

Une livebox qui fait des siennes. Une réunion entre collègue et on en parle à l'une d'entre elles. Cette collègue, Christelle, te conseille d'appeler son frère spécialiste de cette livebox Orange. Le dépannage est rapide. Le conseiller soucieux du bien-être de la collègue de sa sœur l'appelle une fois puis deux puis.... c'est la connexion qui vous amène ici devant nous pour le jour le plus important de votre vie en rose – ou en orange !

Karine et Frédéric

Alors que devant nous moins d'un mètre vous séparent, vous avez réussi à réduire les milliers de kilomètres qui vous ont séparés pendant plusieurs mois, ces milliers de kilomètres que vous, parents de la mariée, vous avez parcourus pour ce mariage.

C'est une native de Leningrad, redevenue Saint Petersbourg, qui devient française aujourd'hui en épousant celui qu'elle a rencontré il y a plus de 4 ans. Des études « normales » jusqu'à la terminale avec le chant en chorale et la peinture à l'école des beaux arts comme loisirs. L'institut « Ingéniérie et Economie vous voit poursuivre vos études pour 5 ans.

A côté de vous, un roubaisien de naissance a découvert notre école communale quand ses parents se sont installés dans notre commune. Quelques années plus tard, son papa, militaire, est muté en Lorraine. Après le collège, le jeune homme intègre un internat à Grenoble et obtient le bac S. La tentative de faire Math Sup est avortée pour cause de mutation (encore) du papa. Cette fois c'est en Martinique. Le soleil, la mer, la plage, la plongée sont plus fort que les études : une année sabbatique ne fait pas de mal... Mais la préparation de l'avenir fait retraverser l'Atlantique pour rejoindre la faculté de Lille. Après un changement de matière, vous obtenez votre DEUST environnement et êtes embauché dans une entreprise proche de Lille.

Dans cette entreprise, arrive dans le cadre du programme européen Erasmus, une belle jeune fille russe qui y fait son stage d'un an. La rencontre est faite de manière fortuite par le directeur des ressources humaines, présent ici à vos côtés. Pendant 2 mois vous faîtes le chauffeur de la belle depuis la gare. Avant le retour vers Saint Petersbourg il y a une balade à Dunkerque. Une balade en ami, puis une soirée au théâtre, toujours en ami... C'est un gala au sein de l'entreprise qui fait faire le premier pas à... la jeune fille face à ce grand timide.

L'automne annonce la séparation avec le retour en Russie. L'hiver vous rend tristes tous les deux. Avec l'arrivée du printemps c'est un jeune homme amoureux qui va retrouver sa belle chez elle. A l'été, c'est le retour en France des jeunes en couple avec une naissance en vue. Après la naissance de Daniil, vous devenez assistante en langue russe puis un an plus tard vous intégrez une société d'ingénierie en région parisienne. Le jeune papa entre à la SNCF en tant qu'agent de maintenance sur les TVG. Votre avenir se dessine non loin d'ici dans un village au-delà de notre préfecture.

Maintenant, nous allons procéder à cette union, la première franco-russe pour moi.

Nadia et François.

Tous les deux vous avez pratiquement fait le tour de notre pays avant de venir ici pour votre mariage.

D'abord notre mariée du jour connaît notre commune pour y venir voir ses grands parents maternels et y passer des vacances en profitant de notre piscine au bord du Loir. Tu es allée souvent dans le Val de Marne rejoindre tes parents paternels, sans oublier la banlieue orléanaise où vit ta famille et où tu as suivi ta scolarité. Arrivée pratiquement à l'âge adulte, tu prends la direction de l'est du pays. C'est la capitale du Bas-Rhin qui t'accueille : tu y intègres l'école nationale du génie de l'eau et de l'environnement. Un bail de trois ans.

Celui qui est à ton côté, a vu le jour à proximité des montagnes des Pyrénées. Si les grands parents paternels ne sont pas loin du domicile familial, dans la forêt des Landes, tes parents maternels sont restés dans leur région d'origine et vivent toujours dans les Vosges. Ce qui est étrange c'est que tu entres dans une école de Strasbourg pour y assurer ton avenir : c'est l'école nationale du génie de l'eau et de l'environnement. Je crois que j'ai déjà parlé de cette école. Mais tu en sortais quand la belle demoiselle y entrait...Tu prolonges tes études par une thèse sur les problèmes de pesticides dans les eaux.

Un garçon, une fille dans la même école, un garçon et une fille qui pratiquent tous les deux le volley pour se détendre : Cupidon n'a pas résisté longtemps avant d'agir en lançant un ballon en forme de cœur.

Vous vous installez à Epernon suite à l'affectation à la DDAF de Chartres de notre étudiante. Vous travaillez avec Claire qui nous a aidé, ici, pour la réalisation d'un dossier pour la commune. C'est par hasard qu'elle a appris votre mariage quand votre grand-mère est venue prendre des renseignement à la mairie. Pendant ce temps notre futur marié fait un séjour en Italie puis travaille pour l'industrie agrochimique. Il est désormais à Paris dans une agence du ministère de l'environnement.

Revenons à notre cérémonie. Au cours de votre vie, vous avez traversé de nombreux départements et fait de nombreuses rencontres qui sont autour de vous en tant que témoins : Thomas, un ami de la mariée, Mylène sa colocataire, Patrice colocataire du marié, Michaël de la même promotion que la mariée et joueur de volley avec le marié...

N'en jetez plus, on ne va plus s'y retrouver dans tous ces liens d'amitiés ! Passons aux choses sérieuses et commençons cette cérémonie.

Muriel et Nicolas.

De mémoire de maire, c'est extrêmement rare de voir une future mariée venir dans la maison commune en représentant la septième génération de cette famille qui vit dans notre commune. Je salue d'abord tes parents qui sont venus, pendant de nombreuses années, se ressourcer au bord de leur chère rivière et qui viennent de transformer cette vaste demeure pour y accueillir des touristes. Tu as appris à nager, comme beaucoup, dans notre piscine champêtre puis tu as effectué tes premiers bains en eau profonde dans le Loir sans oublier les ballades en bateau, canoë, pédalo.... Pourtant tu n'aimes pas le bateau, mais en mer seulement contrairement à ton père qui a fait le tour du globe à l'âge de vingt ans. Tes genoux ont le brûlant souvenir du revêtement de nos rues où tu as appris à faire du vélo. Dans ta mémoire, il y a le souvenir des quatorze juillet où tu accourais pour avoir ton lampion   avant de t'extasier face au feu d'artifice. Il y a eu, m'a-t-on dit quelques émois amoureux sur la piste de danse...Ce ne sont que de simples choses de la vie car pour toi le plus important était tes chevaux. D'abord Vaillant avec qui tu as parcouru les chemins des Coudreaux ou autour des ballastières. D'autres ont suivi tels Padirac, Tiphaine ou Akéla qui sont souvent présents pour une cérémonie ou une fête.

Ces périodes de bonheur étaient celles des vacances, en semaine tu as vécu à Gisors, Colmar ou Angers pour suivre les mutations de ton père. Angers c'est la licence de lettres puis plus tard c'est Paris pour un master d'enseignant. Tu viens de passer le concours de professeur des écoles. Tu enchanteras sans doute tes futurs élèves avec la musique que tu joues si bien au piano ou à la flûte.

A côté de toi, un grand sportif qui vit en banlieue sud de Paris, c'est en effet un bon joueur de rugby en championnat de France avec l'US Métro, et un perchiste de niveau régional. Amateur de musique il pratique la guitare, vous ferez peut-être un duo tout à l'heure pour vos invités. Le sport le dirige vers la formation d'enseignant en éducation physique et sportive à Angers. Dans cette ville existent les « scouts marins d'Angers » Le sportif y est chef et y croise une belle cheftaine. Le duo est responsable des jeunes de 8 à 11 ans. Des liens commencent à se tisser. Peu de temps plus tard, au détour d'un camp scout, une sombre histoire d'affaires perdues ou à reprendre ici même se prolonge par une séance nocturne de pédalo puis une balade en sous bois...lieu de retraite de Cupidon qui a joué de son arc.

La ville de Sceaux vous a vu vous réunir sous le même toit avant de vous décider de venir devant nous pour cette union.

Sophie et Pierre.

A quelques kilomètres au sud de Châteaudun, vous avez vécu à Villechèvre sur la commune de Thiville. Votre parcours scolaire, sans presque d'histoires, se déroule à Sainte Cécile. Vous faîtes preuve de caractère et savez tout petit ce qui vous plaît ou pas. Une affaire, pourtant choisie avec soin par maman, ne vous convient pas, il lui arrive un problème telle cette paire de tong dont une a coulé dans le Loir… Blagues et espiègleries pour faire rire les autres : vous ne ratez rien. Semer la pagaille dans une classe, rien de plus facile, il suffit de libérer des oiseaux en plein cours... Une chose que vous n'oubliez pas c'est l'amitié et être aux petits soins pour les autres. Rendre visite à la famille surtout à vos grands parents à la ferme familiale de Saint Père, réconforter l'un ou l'autre, que des moments de bonheur et de rigolade.

La maternité qui vous a vu naître a entendu les premiers cris d'un autre bébé à quelques jours d'intervalle des vôtres. Un signe d'une bonne fée ?

Cette demoiselle a vécu sa jeunesse à la ferme de Villequoy et a suivi les classes de l'école du regroupement pédagogique de Péronville. Puis elle a rejoint le collège de Châteaudun. Signe du destin, un jeune garçon y est aussi. Plus tard deux lycées orléanais vous accueillent avant d'émigrer pour la même école de commerce à Tours pour y préparer un DUT Technique de commercialisation pendant deux ans. Vous vous y voyez souvent en amis.

Votre bonne fée, qui a toujours un œil sur votre destinée, vous envoie tous les deux à Paris dans une école de commerce sous forme d'apprentissage chez IBM et en marketing chez Planète Saturn. D'ami-ami, les relations ont germé plus profond : en bonne terre de Beauce, les deux graines ont germé, grandi et se sont liées pour former ce couple devant nous aujourd'hui.

Le master de commerce en poche vous partez à la découverte du monde. Direction la Nouvelle Zélande. En route pour les techniques commerciales, le marketing international... Eh bien non, retour à la terre, vous travaillez en tant que simple ouvrier agricole et vous vous intéressez aux porte-graines de votre patron John qui ne viendra malheureusement que dans quelques jours découvrir nos vastes plaines. Après six mois vous repartez pour l'Australie, l'Indonésie, la Malaisie... Une période forte en découvertes d'autres cultures. Un plaisir dont vous faîtes profiter vos familles et vos amis en ayant régulièrement alimenté un blog.

Vous vous êtes posés chez nous et nous allons prononcer votre union.

Alice et Thibault.

Je t'ai vue toute petite dans la maison juste à côté de la mienne. Tu as connu mes deux fils qui étaient en garde chez tes parents. Tu as même joué à la poupée avec Damien qui était aussi passionné que toi. Tu n'as pas eu peur de partir à la chasse aux têtards et aux grenouilles que tu rangeais précieusement dans des bocaux. Ton grand père t'a initiée à la pêche : moments de complicité et de bons souvenirs.

Tes jeunes années t'ont vu pratiquer, plutôt en dilettante, le volley, sport international chez nous auquel tu as préféré les activités nautiques dans notre exceptionnelle piscine, lieu de plaisir et de rassemblement de toute la jeunesse de la commune. L'école maternelle puis notre école primaire t'ont guidée ensuite au collège sainte Cécile de Châteaudun. Tu y découvres de nouveaux amis et amies. Certains venaient te rejoindre ici en vélo comme celle qui est ton témoin aujourd'hui, Céline.

Le cerisier familial en 1997 a été le théâtre d'une attaque en règle des garçons installés dans le jardin voisin. Attaque en règle avec Guilhène à l'aide des cerises pourries, les bonnes étant mangées avec délectation. Ton voisin Franck a subi cette attaque avec un copain du club de basket et c'est le début d'une certaine amitié. Amitié qui incite le basketteur à revenir souvent et l'été fit se rapprocher les cœurs.

Avant cette rencontre vous vous êtes frôlés : quand l'une arrive à Zola au l'ycée, l'autre quitte Zola pour Paulsen... après le lycée et le BEP électronicien, tu poursuis au CEFAMREC et tu entres en alternance à la Paulstra où tu exerces désormais en 3x8.

Pendant ce temps une jeune fille sérieuse, rigoureuse, entame des études à Orléans pour préparer un BTS assurances. Seuls à cette périodes, les samedis après-midi permettent les moments de tendresse chez les parents de l'un ou de l'autre. Diplôme en main, notre jeune fille trouve son chemin dans une agence dunoise.

La situation financière établie permet de se lancer à la recherche d'un petit nid douillet. Il est trouvé à La Chapelle du Noyer et vite équipé du confort que vous aviez souhaité. C'est vrai que vous avez toujours été plus fourmi que cigale. Un nouveau pas est franchi avec l'achat d'un pavillon à côté de Jallans. Des rosiers, des arbres fruitiers, un jardin et au sous-sol une moto... qui permet des virées grisantes. Maintenant vous êtes tournés vers l'avenir pour compléter une famille déjà grande : deux chats; Vayat le chien, le lapin, le poisson et... pour quand les petiots que les futurs grands parents voudraient chérir ? Mais avant cela il reste à procéder à votre mariage.

Annabelle et Nicolas.

Aujourd'hui c'est une union sous le signe de l'Europe que nous célébrons dans notre mairie. Nous innovons en traduisant simultanément cette cérémonie.

C'est une petite fille que j'ai connue, tes parents ayant construit leur maison en même temps que moimême. Tu as fait ta scolarité à la maternelle et à la primaire chez nous avant de rejoindre le collège Anatole France puis le lycée Émile Zola où tu décroches ton bac littéraire. L'université d'Orléans t'accueille pendant deux ans et tu la quittes avec un BTS assistante trilingue (anglais et allemand). D'ailleurs tu as toujours aimé les langues étrangères tout au long de ta scolarité : anglais, allemand, espagnol et même le latin ! Tu travailles en tant qu'assistante commerciale export dans une entreprise internationale bonnevalaise. Malgré tes autres passions, lecture, jardinage et natation, la langue allemande t'attire et tu pars six mois outre Rhin pour t'améliorer et découvrir une autre culture.

Pendant ce stage, tu rencontres un collègue de ton entreprise... Ce collègue est né à Cologne avant de suivre ses études au lycée de Leverkusen puis de faire une formation de commerce industriel chez un fabricant de pièces automobiles. Après cinq années passées en tant que directeur commercial vous évoluez dans différentes sociétés dont une qui vous fait connaître celle qui est à côté de vous aujourd'hui.

Ce stage se prolonge en dehors des heures de travail avec de l'amitié puis des prémices peut-être d'un amour naissant. Quelques mois plus tard c'est une séparation pour le travail avec un départ pour l'Autriche. La raison se rend compte que le cœur manque d'une présence. La passion réciproque en née et vous parvenez à vous installer ensemble en Allemagne un an plus tard.

Dix huit mois ont passé de cette vie commune et les vacances se préparent avec un voyage en Suisse à Schauffhausen au bord des chutes du Rhin. Cet endroit magnifique et romantique est le lieu rêvé pour une splendide déclaration, celle que toute les femmes attendent afin de recevoir un bel anneau au doigt, c'est ce qui va se passer ici maintenant. Ces chutes sont aujourd'hui votre lieu, comme certains ont une chanson ou une musique. Vous aimez vous y retrouver et vous y avez déjà convié vos familles. Cet endroit calme contraste avec vos vies très actives vous avec votre poste d'assistante commerciale et vous en tant que patron.

Ce bel anneau au doigt c'est au cours de cette célébration qui commence que vous allez vous l'échanger.

Elodie et Ingo.

Dans notre salle des mariages, nous allons vivre aujourd'hui un moment historique où nous vous accueillons avec mon adjoint Pascal.

Tout d'abord rendons hommage à une figurante du film « Piedallu fait des miracles »tourné il y a plus de soixante dix ans à notre piscine avec les grands acteurs de l'époque Ded Rysel et Mary Marquet. Une pensée aussi pour les amis du beau village savoyard de Valloire où nous avons la même passion pour des vacances sur les skis. Nous recevons d'ailleurs un montagnard qui a travaillé pour notre appartement là-bas.

Il y a bientôt vingt ans que vous habitez notre commune. Tous les deux vous avez la veine de transmettre le savoir, votre savoir.

D'abord restaurateur dans une célèbre pizzéria dunoise où vous avez régalé les papilles de vos nombreux clients. Cet amour de la bonne chère vous le transmettez maintenant au sein du Greta de Chartres après avoir formé des apprentis tels les élèves du lycée Paulsen ou au sein des apprentis d'"Auteuil. Vous avez aussi tenté de les convaincre lors de forum pour l'emploi.

Venu de la région parisienne en tant que conseiller principal d'éducation, on vous retrouve au lycée Emile Zola, un concours des personnels de direction, adjoint en collège à Chartres, puis à Nogent le Rotrou, principal à Mondoubleau, à Lucé puis proviseur au lycée Sylvia Monfort à Luisant.   Vous n'oubliez pas la formation en élaborant un programme de formation pour le personnel d'encadrement.

Nous arrivons maintenant au moment historique de cette journée. En effet dans notre commune c'est la première fois qu'est célébré un mariage entre deux personnes du même sexe. Il y a quatre mois que la loi a été promulguée par le président de la République. C'est une loi de Liberté car elle donne le droit à chacun et chacune d'être libre de son choix, une loi d'Egalité, égalité des droits et la possibilité de vivre dans la dignité et le respect, une loi de Fraternité en permettant cette reconnaissance de l'état qui enrichit notre société et la rend plus forte. Avant de vous unir écoutez cette phrase de José Socrates, ancien premier ministre portugais : « ce n'est une loi contre personne, ce n'est pas non plus une loi pour quelques uns : c'est une loi pour tous, une loi qui représente la victoire de tous car c'est une loi de la liberté, de la justice, de l'égalité et de l'humanisme. Et le propre de l'humaniste, c'est de se sentir humilié par l'humiliation de l'autre, de se sentir exclu par l'exclusion de l'autre, de sentir sa liberté entravée par la privation de liberté de l'autre »

Franck et Michel.

Robert tu as quarante trois années au service de notre commune en tant qu'élu et c'est avec joie que je te laisse officier pour ce mariage, le mariage de ton fils. Tu m'as confirmé ton retrait du conseil aux prochaines élections : ça te permettra de consacrer du temps à Denise, ta dévouée épouse auprès des jeunes comédiens de l'association culturelle sans oublier que tous les deux vous avez été beaucoup investis dans les activités de nos associations.

Fils de ce couple dévoué pour les autres, tu as fréquenté notre maternelle puis la primaire en partie seulement puis c'est l'école des Empereurs. Ensuite tu as louvoyé : Zola à Châteaudun, Montlhéry, Beaugency puis, peut-être pour suivre la fibre familiale, le lycée agricole de la Saussaye. Ce n'est pas la finalité puisque tu réussis le CAP de mécanique auto à Orléans que tu prolonge par un BEP et même le Bac Pro avec le titre de major de la promotion. Tu continues dans la même voie en préparant un BTS en maintenance et après-vente auto. Cette formation te permet de trouver ton job actuel au sein de ETAI (Editions Techniques de l'Automobile et de l'Industrie). Gestionnaire et coordonnateur d'une équipe spécialisée dans la recherche des solutions techniques pour l'après-vente, je te souhaite une belle carrière.

Celle qui est à côté de toi est née à Châteaudun. C'est dans cette ville que tu fais ta scolarité sauf un épisode dans l'est de la France à Toul suite à une mutation de ton père, militaire. Après ton bac littéraire à Zola tu pars à la fac de droit d'Orléans où tu obtiens un Master 2 en affaires européennes et internationales. Cela t'ouvre les portes d'une entreprise spécialisée dans les services d'externalisation informatiques.

Vivant sur le canton, c'était sûr que vos chemins se croiseraient. La Guignière a assisté à cette première rencontre, votre frère y venant retrouver celui qui est à vos côté devant nous. Amourette d'ados ne dure pas dit-on, un été et c'est tout... Robert et Denise ont même vu vos parents pour exprimer leur mécontentement...

Entre vous deux, ce n'a pas été toujours facile, les études vous éloignant, vous rapprochant. Pour les dix ans de votre rencontre c'est la grande séparation. Phil le chien reste avec le maître et la maîtresse part en Allemagne... Cinq mois plus tard la nature réelle de vos sentiments éclate au grand jour, vous êtes plus mûrs, adultes et vous installez ensemble. Un appartement souvenir de la vie en alternance à cause des études, un nouvel appartement aménagé par papa et maman puis il y a un peu plus d'un an, l'achat de la maison que dans quelques semaines un bébé égayera. Il faudra sans doute lui prévoir un siège spécial pour faire de la moto ...

Isabelle et Sébastien.

Autre commune de la Beauce,
autre maire,
autres vies....

Dans cette commune, reconnue depuis plusieurs années comme « le Centre de la Beauce », une famille, un homme ont été au cœur de la vie du village. Leur éducation rigide et ouverte à la fois les a fait défendre autant les valeurs de la République que maintenir les préceptes de l'église. Les mariages y sont rares, à l'exception d'une année qui en a vu six se suivre.

À chaque fois, le maire connaît bien les futurs époux et il leur distille ses précieux conseils de vie avec parcimonie pour un meilleur futur. La commune voit aussi des rencontres de personnes d'horizons différents venir y démarrer leur vie commune.

Ce petit village est semble-t-il un endroit où il fait bon vivre ensemble et longtemps : les noces d'or, voire de diamant n'y sont pas rares.

La seule chose que je ne peux transcrire dans les lignes qui suivent c'est la gouaille de ce maire connu à des kilomètres à la ronde en tant que défenseur de sa commune et de ce cours d'eau si particulier : La Conie.

Il réunit lors des visites organisées de son village plusieurs centaines de personnes venues écouter ce narrateur exceptionnel de l'histoire locale de son village et de ce coin de Beauce.

Bienvenue entre les murs de la petite mairie de Fontenay sur Conie.

Aujourd'hui je suis content de vous marier et à cette occasion de revêtir l'écharpe tricolore, emblème de la nation, de la patrie.

Si vous avez fait cette démarche, c'est bien dans le respect de nos institutions. Penser à ses devoirs, autant qu'à ses droits. Je ne peux que vous féliciter de votre engagement aujourd'hui en présence de votre famille et vos amis. Sachez que vous avez de beaux jours devant vous, même si on sait que dans un couple il faut savoir être conciliant, positif, attentionné, bienveillant...

Je ne m'étendrai pas sur votre vie personnelle mais par contre je sais que la future épouse n'est pas de notre commune à cause de quelques pouvoirs obscurs qui ont tracé les limites communales il y a un certain temps. C'est ainsi que la limite de Fontenay fait le tour de la ferme familiale pour la rattacher à Viabon alors que la seule route d'accès vient de Fontenay...

Votre famille est venue il y a bien des années depuis le Limousin pour travailler dans les carrières à l'extraction du calcaire de Beauce.

Cette tradition se perpétue encore aujourd'hui avec une activité de maçonnerie. Nous vous voyons souvent aux manifestations communales et nous vous y verrons maintenant en tant que mari et femme.

Chantal et Philippe.

Je ne peux m'empêcher de vous dire un petit mot à l'occasion de votre mariage qui est le premier de cette année qui va en voir six se succéder!

Vous avez fait la démarche de vous engager en présence de votre famille et de vos amis, on ne peut que vous en féliciter, dans la vie il faut savoir prendre des décisions et celle-ci est importante, elle est faite pour toujours. Ce n'est pas seulement une signature au bas d'un document, c'est bien un contrat indélébile.

Vous vous êtes connus au lycée technique à Ingré (Loiret).

D'un côté, j'ai devant moi une jeune fille qui a suivi ses parents, militaires, un peu partout en France et même en Afrique et donc qui sait faire les valises pour un déménagement. Malgré cette vie d'errance, une forma-tion de comptable vous ouvre les portes de la banque verte à Orléans.

De l'autre c'est un vrai beauceron de souche issu d'une famille très connue dans les villages alentours. Il a quitté la Beauce pour découvrir le pays Chti à Béthune dans une école spécialisée en électronique et informa-tique pour une formation en alternance. L'appel du vil-lage est le plus fort avec un retour au bercail pour la reprise de l'exploitation familiale.

Je pense que vous aller devenir de vrais habitants de Fontenay. Vous aller créer une famille, la base de la société qui est attaquée de toute part. L'évolution des mœurs ne va pas dans le bon sens, les médias enfoncent le clou en banalisant les déviations, la morale on n'en parle même plus.

Aristote, philosophe grec du IVème siècle avant Jésus-Christ, disait : l'amitié entre mari et femme, on le sait est naturelle. L'homme en effet, de par sa nature, est plus enclin à vivre en couple qu'à s'associer politiquement, puisque la famille est antérieure et plus nécessaire que l'état.

Au cours de votre vie, s'il y a des moments difficiles, pensez aux jours heureux de votre rencontre.

L'amour ignore le temps, il est source de vie, il est rayonnant, il se lit dans les yeux et se voit au contact des mains qui est très révélateur.

Le couple est mis à rude épreuve avec la mobilité sociale, les conditions de travail, le désir d'autonomie, le toujours plus, mais, avec le bon sens, tout finit par s'arranger.

Bon vent, bonne route, bonne journée et belle vie.

Sandrine et Romain.

Dans nos communes rurales, il n'est pas commun de faire un mariage de pays différents, mais là nous faisons l'exception.

Il faut dire qu'avant on n'allait pas loin. « Dans le temps » comme on dit, cela arrivait très souvent que les jeunes d'un même village se prennent comme époux et épouse, il arrivait aussi qu'ils fassent un saut jusque dans le village voisin. Il arrivait même que les mariages soient préparés par les familles. Aujourd'hui c'est une union entre notre Beauce et un pays hors de la communauté européenne que nous célébrons : avec le continent africain, le Maroc.

Natif de Chartres, notre jeune époux fait ses études à Saint Ferdiand, à Sainte Marie et au lycée Marceau avant de rejoindre la fac d'histoire de Tours. Un master à l'institut d'urbanisme et c'est le départ pour les pays du Magreb. Le retour en France te voit rejoindre la SAEDEL au sein des projets immobiliers.

Il y a une rencontre dans le train au Maroc entre Rabat et Casablanca...

C'est une jeune fille studieuse qui a son bac de lettres, une maîtrise de droit puis qui bifurque vers l'informatique et le social au sein d'une ONG. Dernière ligne droite à l'institut de recherche à l'ambassade.

Vous avez déjà célébré votre union au-delà de la Méditerrannée avec les fêtes et l'officialisation au consulat de Casablanca. Mais vous avez tenu à faire les cérémonies classiques de notre pays de Beauce à la mairie et à l'église en présence de votre famille et de vos amis. C'est en quelque sorte un petit retour aux sources de vivre à Fontenay, ce village qui nous enchante tous avec son environnement si agréable, si sympathique et accueillant avec les bois et les marais.

Pour en revenir avec votre engagement que vous venez de renouveler à la demande de votre frère, adjoint, qui officie, je ne puis que vous féliciter, il y en a tant qui ne veulent pas sceller leur vie de couple. Vous allez créer une famille, et la famille c'est la base de la société, même si elle est attaquée par les médias qui la trouve trop ringarde, cela en est trop, il faut la défendre, ne pas se laisser aller avec ces mœurs qui évoluent toujours dans le mauvais sens à mon goût, je le reconnais avec ma moralité.

Pour vous la langue n'est pas une barrière, madame maîtrise très bien le français, vous vous intégrerez facilement dans la tradition européenne et française. Je vous souhaite à tous les deux , ainsi qu'à vos futurs enfants, beaucoup de bonheur et de joie.

Kaoutar et Olivier

On n'aime pas invoquer la loi des séries, mais elle est bien là : nous allons procéder au troisième mariage de cette année dans notre petit village en attendant le quatrième qui est prévu tout à l'heure.

Cela est toujours agréable de ceindre l'écharpe tricolore et je crois que j'ai devant moi des mariés qui respectent au plus haut point l'emblème de notre nation qui n'est pas assez reconnu. Les jeunes générations ne personnifient plus cet étendard qui reflète notre identité nationale. Donc aujourd'hui, nous concrétisons officiellement votre vie maritale qui dure depuis de nombreuses années.

Vous êtes née à Epernay avant de grandir dans votre famille de viticulteurs qui produit ce noble nectar : le Champagne. Toute petite jeune fille vous y avez rencontré un jeune homme venu faire les vendanges chez son copain d'armée qui n'était autre que votre père. Vos chemins se sont séparés.

Vous aidez l'exploitation familiale après votre bac-pro comptabilité. Votre père quitte ce monde.

Vous retrouvez une nouvelle fois celui qui est à côté de vous ici. Vous en êtes amoureuse ce qui entraîne un voyage à Nouméa...Vous êtes ensemble au retour en métropole et rejoignez Fontenay après un passage à Poitiers. Vous travaillez pour différents patrons pendant que votre compagnon remet en état votre maison mais pas assez vite à votre goût !

Natif de Châteauroux vous attraperez le virus de l'armée, activité de vos parents. Vous êtes un pur qui ne renie pas une seconde les limites autorisées par la loi, tout simplement le respect de l'ordre établi ne doit pas être troublé !

École communale, CAP de serrurier-forgeron, emploi de chaudronnier puis virage complet en intégrant – au grand désespoir de vos beaux-parents - la gendarmerie mobile. Tout au long de votre vie vous avez déménagé et visité de nombreux pays ou villes. À l'âge de 2 ans vous êtes en Allemagne, votre jeunesse dans les Ardennes, l'Aisne, Toulouse pour le service, la Haute-Marne, l'Alsace, Orléans, l'Allemagne, Bourges, la Champagne, Nouméa en nouvelle Calédonie et pour terminer la carrière Poitiers. Vous avez été marié de 1965 à 1987, et êtes devenu père de 4 garçons. C'est après ce tour du monde que vous arrivez à Fontenay, village d'adoption pour votre retraite.

Vous travaillez dans votre maison en la rénovant de fond en combles mais aussi vous prenez le temps de vos passions : aller au marché, les trains miniatures et votre accordéon. Je n'oublie pas votre caractère bien trempé, vos idées que vous voulez faire passer au risque de ne pas plaire à tout le monde, votre franchise un peu brutale même si c'est souvent négatif. En aucun cas on ne peut que vous apprécier n'étant pas du tout hypocrite.

Avec votre mariage, cela va être l'occasion de faire un bilan de votre vie à tous les deux que vous avez déjà entamée depuis de nombreuses années.

Fabienne et Pierre.

Nous avons, avec votre venue dans notre petite mairie de Fontenay, l'occasion de procéder au deuxième mariage de la journée, événement qui ne se serait pas produit depuis très longtemps et que je n'ai pas en mémoire.

Née en Essonne à Arpajon, tu vis en famille à Marolles en Hurepoix. Tes études te mènes à Arpajon jusqu'au lycée. Tes études dans une école de vente sont interrompues par la rencontre avec celui qui est à ton côté ici même. Pendant ces années, tu as soigné ton corps en pratiquant le judo qui t'as amenée au titre de championne départementale.

Né aussi dans l'Essonne mais à Longjumeau, tu poursuis tes études à Linas avant d'entrer dans la vie active avec ton CAP en structures métalliques. Tu as une coupure de dix mois pour tes obligations militaires à Berlin en tant que maître-chien. Lors d'une permission, par le biais d'un de ses amis tu as un coup de foudre dès le premier regard...

Au retour dans la vie civile, dans un studio que tu aménages à votre goût, vous travailler dur tous les deux et vivez chichement pour économiser pour pouvoir acheter une maison. Par l'intermédiaire de ta sœur et de la coiffeuse, vous apprenez qu'une maison est en vente à Fontenay. C'est le coup de cœur dès la visite et l'achat suit rapidement. Pendant de long mois ce sont les aller et retours depuis Linas pour rendre cette maison habitable. Vous y arrivez quelques années plus tard. Deux naissances, Ophélie et Justine, viennent égayer votre nid douillet.

Pas de travail pour la maman et donc tu fais un stage avec l'ANPE et tu réussis l'examen comme ambulancière, le début d'une nouvelle vie.

Le papa que tu es, fait jouer son expérience dans la métallerie pour ouvrir les portes d'une entreprise de serrurerie à Châteaudun puis tu rejoins l'entreprise Dhennin à Orgères où tu grimpes les échelons. Tu changes encore pour devenir chauffeur de taxi-ambulance. Mais au bout de quelques mois seulement, les restrictions de la sécurité sociale entraînent ton licenciement. Tu n'abandonnes pas et tu t'installes en tant qu'indépendant pour des travaux d'entretien et d'aménagements des maisons existantes.

Tu as quand même le temps de t'adonner à tes loisirs : pêche et chasse à l'arc.

Vous avez toujours des projets plein la tête, et la famille en fait partie.

Vous aurez dans votre vie encore beaucoup d'occasions de vous aider, de vous confier et votre couple sera bien un refuge pour vous mais qui sera ouvert aux autres. L'amour des premières années se transforme en une attention, un respect, une compréhension, une connaissance. Il ignore le temps et il est source de vie.

Pour vous c'est une étape et un bilan de votre chemin fait ensemble.

Elsa et Frédéric.

Il est tellement rare de mettre l'écharpe tricolore pour célébrer le mariage d'une jeune fille du village que je ne peux m'empêcher de vous féliciter pour votre engagement vis-à-vis de la société. La famille est pour moi la base de tout, nous avons souvent la remise en cause du bon droit et je me réjouis de ce que vous êtes en train de réaliser. C'est au sein de la cellule familiale que le bonheur arrive naturellement, même si quelques fois tout ne va pas aussi bien qu'on le souhaiterait.

Vous avez peut-être entendu parler du CUCS, contrat d'union civile et sociale, un grand danger pour notre avenir, c'est tout simplement l'acceptation et la reconnaissance des mariages pour les homosexuels; ceux-ci pourraient par la suite adopter des enfants, on devine l'éducation. Ce n'est qu'un projet, mais déjà cela fait peur. Plus d'un tiers des maires ont déjà montré leur opposition.

Tu n'as pas imité tes parents qui eux se sont connus et mariés au sein même de notre commune. Oui je remarque qu'à l'aube du XXIème siècle tu as pris pour époux un européen, un portugais en l'occurrence, synonyme d'ouverture de nos frontières et avec l'euro le rapprochement entre les peuples sera encore plus présent.

Le Portugal est à l'honneur en ce moment avec l'ouverture avant-hier de l'exposition universelle à Lisbonne, la dernière du millénaire, pendant 133 jours avec une prévision de 15 millions de visiteurs. Avec comme thème « Océans, un patrimoine pour le futur » on ne dira jamais assez que l'eau est l'élément vital pour la vie.

Revenons à nos jeunes mariés qui se sont connus comme beaucoup dans le monde du travail, sans doute à Pithiviers. Ils ont l'avenir devant eux. Vous êtes sérieux et travailleurs et vous serez récompensés dans la vie.

Je ne peux m'étendre sur la vie des jeunes époux que je ne connais pas assez mais par contre il est naturel que je m'arrête sur les parents de la mariée. D'abord toi, la maman qui êtes garde champêtre et parcourez souvent les rues du village et toi qui est l'âme du pays, tu es au courant de tout sur l'histoire du village, de la paroisse. Élu adjoint tu maîtrise toutes les ficelles du pays et tu es aussi le maître d'œuvre de l'entretien et l'embellissement de la commune.

Revenons à nos jeunes mariés. Prenez modèle sur le courage de vos parents, le respect des autres, le sérieux, la patience et la fidélité. Je suis heureux que votre grand-père puisse participer à votre fête car on peut dire qu'il nous a fait peur avec sa nuit passée à la belle étoile, mais je pense que lui-même aura eu encore plus peur que nous.

Agnès et José.

Dans notre petite mairie, il est bien rare de mettre l'écharpe tricolore pour procéder à un mariage, merci donc à vous deux qui m'en donnez l'occasion unique cette année.

Vous étiez sur des chemins différents et, d'une rencontre, vous vous retrouvez sur la même route pour toute votre vie. C'est le début d'une belle aventure, c'est un oui de tous les jours, c'est un regard, une attention, des projets. Dans un couple chacun apporte sa particularité, son originalité et la différence est créatrice. L'amour, avec un grand A, est primordial, l'amour ignore le temps. On ne se marie pas pour se replier dans sa coquille mais pour rayonner autour de soi sans chercher son intérêt personnel. Avec les années, la tendresse, la délicatesse, la paix, la gentillesse accompagneront votre vie

Il est toujours temps de bien faire car vous n'êtes plus de jeunes tourtereaux, vous avez mûrement réfléchi sur votre avenir.

C'est une mariée globe-trotter qui a profité de sa vie « solitaire » et de ses nombreux amis pour voyager sur le globe : les Amériques, les Indes, le Népal, le Pérou entre autres. Avec votre maîtrise d'histoire vous avez enseigné puis vous avez changé de voie. Intégration à l'institut de philosophie comparée jusqu'à un test de saut en parachute qui vous bloque pour la suite des cours. La stratégie commerciale vous attire ensuite. Vous aimez beaucoup le ski, vous êtes très famille, gaie, vive et douée en communication.

C'est un financier qui est à votre côté. Vous partez avec sérieux dans ce projet de vie à deux. Votre expérience de l'Afrique est totale pour y avoir travaillé de nombreuses années. Vous connaissez toutes les histoires et aléas des gouvernements africains. Vous allez pouvoir faire découvrir ce continent à celle qui désormais vous accompagne, ce continent qu'apparemment elle ne connaît pas.

Marie–Sophie et Philippe.

C'est avec un grand plaisir que je vous accueille dans cette mairie, petite commune de Beauce. En 17 ans de maire vous êtes le 20ème couple que je marie et cela me fait toujours chaud au cœur quand je ceins l'écharpe tricolore.

Vous êtes arrivés il y a peu de temps mais je crois que vous vous plaisez bien ici. Avec votre arrivée, c'est une nouvelle maison qui n'a plus ses volets clos en permanence comme depuis des dizaines d'années.

Vous l'avez appris, nous avons été désignés « le centre de la Beauce » et puis notre village a la chance d'être entouré de bois avec 25 kilomètres de chemins communaux.

Vous avez choisi la date de la Saint Valentin, c'est un signe, c'est original et plaisant à la fois. Je ne vous connais pas assez pour entrer dans les détails de votre vie (même si j'ai fait quelques tentatives) mais sachez bien qu'en tant que premier magistrat je me réjouis de votre engagement.

Dans la société où nous vivons, plus beaucoup ont le courage de faire la démarche, qui me semble à mes yeux, le signe d'une reconnaissance, d'une certaine moralité, du respect de l'autre. C'est un plus, et puis l'amour avec un grand A, cela existe, cela signifie une attention, un geste, une parole,une écoute, un regard complice, un sourire....

J'ai remarqué que la jeune mariée a exactement le même âge que notre fille aînée et que dans quelques mois nous allons être voisins. A tous les deux, je vous souhaite beaucoup de bonheur, une vie paisible dans notre région et naturellement une bonne santé.

Anne et Olivier

Votre mariage me donne l'occasion bien agréable de revêtir l'écharpe tricolore que je n'avais pas mise depuis trois ans. Oui, bien sûr, c'est toujours pour moi un grand plaisir de présider une telle cérémonie que d'ailleurs je vais renouveler la semaine prochaine.

J'ai devant moi un vrai parisien né dans le XVème arrondissement où il y a passé toute sa jeunesse. Moi qui vit à la campagne depuis toujours à Fontenay, je suis sans doute un peu casanier, j'ai du mal à imaginer que l'on puisse vivre à Paris sans problèmes, enfin c'est une autre vie, sans doute plus trépidante et stressante mais qui a ses charmes, ses occasions de rencontres, ses ouvertures. Donc après l'école primaire sans encombre, vous préparez un CAP d'ajusteur perturbé par un grave accident au bras. Pendant les vacances vous avez la chance des centres aérés de Meudon et de Châtel. À l'âge de 16 ans vous entrez dans la vie active dans une entreprise de résine. L'interruption pour le service militaire vous conduit au ministère de l'air... Rendu à la vie civile vous quitterez la résine pour la peinture qui sera votre activité définitive. Vous arrivez à Fontenay en devenant propriétaire de « la maison de Réjane » l'épicière du village. Cette maison est méconnaissable avec tous les travaux que vous y avez effectués.

Celle qui est à votre côté, est née à Boulogne Billancourt et est donc aussi une parisienne. Après son apprentissage de la coiffure dans le XIème arrondissement, c'est la Normandie qui voit cette professionnelle exercer son art. Vous avez un souvenir ému de votre jeunesse entre les âges de 8 et 10 ans dans les Cévennes. Autre point commun entre vous : les centres aérés de Meudon et de Châtel qui vous ont aussi vue. Vous rejoignez votre compagnon, que vous connaissiez depuis votre tendre enfance, à Fontenay cinq ans après le début des travaux de restauration de la maison. Je suis heureux de voir que vous avez retrouvé votre dynamisme et le sourire après l'épreuve de la perte de votre emploi.

Vous avez été mariés avant de vous présenter devant moi et c'est désormais une famille nombreuse qui vous entoure chacun arrivant dans le couple avec deux garçons.

Carole et Charles.

Il y a 50 ans …

Le maire d'une commune a en charge la gestion de celle-ci. Dans ses fonctions, il doit aussi de temps en temps résoudre des petits problèmes pas forcément de robinet mais quelques fois de voisinage ou de bêtes qui ont pris la liberté de quitter leur enclos, de circulation automobile, des enfants avec l'école, de fuites d'eau ou de trous dans le bitume. Il est sur le pont sans relâche. Il connaît, dans les petits villages, presque tous ses administrés.

Heureusement pour lui, dans ses fonctions, il y a la joie de célébrer les mariages. Dans les communes rurales, c'est souvent une grande fête de famille qui se prolonge devant monsieur le curé et se termine devant une table bien garnie. C'est le début d'une famille qui va s'agrandir et le maire verra des lignes s'ajouter à l'état civil avec les naissances.

Quelques fois, le maire est sollicité par des administrés pour un anniversaire. Ils désirent revenir en mairie pour célébrer cinquante ans de mariage, leurs noces d'or.

Ce n'est pas un acte officiel inscrit à l'état civil mais une fête pour tous. Le maire se fait un plaisir de célébrer cette cérémonie.

Il voit face à lui ceux qu'il cotoie depuis de nombreuses années au sein même parfois du conseil municipal. Le maire a peut-être marié leurs enfants. La famille est réunie dans la salle des mariages et découvre des anecdotes que les enfants ont dévoilées en cachette au maire et qui surprend les jubilaires et fait rire les présents.

Le maire prépare un discours qui est un hommage à la longévité du couple et qui est dans l'esprit de joie de cette journée.

Voici ce que des jubilaires ont entendu lors de leurs noces d'or ou même leurs noces de diamant dix ans plus tard.

Alors que la France est sous domination des Nazis venus d'Allemagne, il n'y a pas beaucoup d'occasion de se réjouir. Pourtant vous prenez la décision de vous unir des liens du mariage. Vous êtes jeunes, dix-sept et dix-neuf ans seulement, pour prendre cette décision, et nous constatons que maintenant beaucoup de couples se défont au fil des années. Votre rencontre n'a pas été difficile : vous étiez pratiquement voisins !

Au cours des années dans un ménage, l'amour se transforme petit à petit en affection et en tendresse. Ensuite chacun éprouve du respect pour son compagnon, ensuite de la douceur et de la délicatesse qui viennent conforter les époux dans les moments difficiles. L'attention que vous vous portez mutuellement est agréable à voir et cela réconforte ceux qui vous entourent.

Il suffit d'un peu d'attention l'un envers l'autre pour qu'un bonheur simple s'installe.

Votre vie est peut-être sans histoire et on peut dire que vous êtes des gens bien de chez nous, de « bonnes gens » dans le bon sens du terme. Il n'y a pas eu dans votre vie d'événements marquants. Vous avez travaillé dans les fermes dans les premières années de votre vie commune avant de rejoindre Renault jusqu'à votre méritée retraite.

Vous avez eu trois enfants qui vous ont offert le plaisir d'être grands parents et une fois déjà arrière grands parents avec une belle petite fille. Et je crois savoir que la famille va encore s'agrandir.

Vous êtes revenu dans la région après toutes ces années de labeur pour vous y reposer, un retour aux sources. Notre petite commune est voisine de Baignolet, c'est pratique pour y voir votre famille.

On m'a parlé de votre nuit de noces qui se serait passée ans la maison de monsieur Ambroise. Si j'ai bien conté, depuis il y en a eu 18 250 autres... avec plein de bons moments.

J'espère que de nombreuses années accompagnera encore votre route.

Suzy et Roger.

Il y a exactement 50 ans, le 11 octobre 1947, vous vous disiez oui en la mairie de Bures sur Yvette.

Après une enfance touchée par le décès de votre père, vous entrez dans le métier de la maçonnerie, période pendant laquelle vous faites connaissance de celle qui est à votre côté. Vous avez été déporté pendant la deuxième guerre mondiale comme travailleur en Allemagne. Au retour vous rejoignez les PTT, (Postes, Télégraphe, Téléphone) au poste de contrôleur. Ce sera encore votre activité professionnelle au moment de la retraite. Pendant ces années-là, vous construisez votre maison avec les pierres que vous avez extraites du terrain en pente de Palaiseau. Pour vos loisirs, il y avait les sorties à la chasse.

Madame, vous habitiez à Orsay, commune voisine de Bures sur Yvette, ce qui a favorisé une rencontre. Le CNRS d'Orsay n'a plus de secrets pour vous, pas pour les travaux de recherche mais pour le nettoyage car vous y faisiez l'entretien. Vous vous êtes consacrée à votre famille avec l'éducation de vos quatre enfants.

Arrivés à l'âge de la retraite, vous arrivez à

Fontenay pour un cadre de vie calme et agréable avec tous les bois qui nous entourent.

La famille s'est agrandie et il y maintenant autour de vous quatorze petits enfants et sept arrières petits enfants. Cette nouvelle génération a commencé avec un événement original au mois d'avril 1969 pour la naissance de votre premier petit fils où des sacs postaux ont servi de matelas.

Dès votre installation à Fontenay, vous avez profité des bons conseils de vos voisins dans l'exercice sain de jardiner. Vous en êtes devenu un expert . La chasse a occupé vos dimanches en changeant un peu vos horizons. Tout allait comme dans le meilleur des mondes mais de gros ennuis de santé ont déréglé la belle horloge que vous aviez remontée. La maladie a bouleversé vos habitudes : les jeux de cartes et la télé ont remplacé la binette et le râteau.

Je ne peux que vous souhaiter une meilleurs santé et tous nous adressons nos félicitations à nos heureux jubilaires.

André et Denise.

C'est avec émotion que j'accueille aujourd'hui nos jeunes mariés de 50 ans. Je dois avouer qu'une certaine pression s'exerce sur moi qui a été votre élève tout timide et trop sage. Au nom du village tout entier, je suis fier de participer au bon déroulement de vos noces d'or. Le passage effectué dans notre commune comme instituteurs aura marqué bon nombre d'habitants étant donné la qualité de vos prestations.

Au risque de me répéter vis-à-vis de la réunion du 13 juin 1993 à laquelle avait participé une grande majorité de vos élèves, je me dois de vous remercier pour tout ce que vous avez fait au cours des neuf années passées dans notre village. Je me fais l'écho de tous.

Pendant ces années vous vous êtes dévoués pour les enfants de la commune pour qu'ils réussissent, certains obtenant même le résultat envié de premier du canton. Vous étiez aussi le secrétaire de notre mairie et presque disponible vingt quatre heures sur vingt quatre.

Revenons à votre union à Gallardon le 25 juillet 1946. Celle que vous épousez semblait vous attendre à l'école : c'était la fille du directeur de l'école de cette ville où vous aviez été nommé après vos études à l'école normale de Chartres. Vous êtes ensuite nommé à Baudreville où naissent vos quatre garçons. C'est donc cette grande famille qui va venir à Fontenay y vivre pendant neuf ans avant le départ pour Mainvilliers où vous faites toute votre carrière.

Tout au long de votre vie, vous donnez l'exemple d'un couple uni qui vit sans nuage tant dans la vie professionnelle que pour les travaux à la maison. Aujourd'hui, vos quatre enfants sont mariés et vous donnent onze petits enfants, bientôt douze. Une grande famille unie qui est présente ici.

Vous avez plein de souvenirs des petits événements dans notre commune comme par exemple les animations de pompiers.

Arrêtons de parler du passé, revenons à cette journée qui est la votre. Nous vous souhaitons de vivre encore longtemps l'un avec l'autre, avec le même regard sur la vie et la même oreille attentive sur votre entourage et votre famille.

Jeanne et André

Cette année n'a pas encore vu un mariage dans la commune et c'est avec plaisir que je ceins l'écharpe tricolore pour nos jeunes mariés de l'après-guerre.

Il y a cinquante ans notre natif de la commune épousait une jeune fille de la commune voisine de Courbehaye. Il était rare à cette époque qu'un jeune homme aille chercher une jeune fille dans une autre commune, la gent féminine étant nombreuse dans chaque village : les familles de six ou huit enfants remplissaient les écoles...

Cette jeune fille a travaillé chez le docteur Legris à Patay avant de revenir à la maison au moment de la guerre aider ses parents : ses frères étant partis au sein de notre armée. C'est ainsi qu'elle avait attendu patiemment celui qu'elle voulait pour mari.

Très courageux dès son plus jeune âge, le jeune garçon a suivi son père dans les travaux de maçonnerie. De plus l'hiver il faisait du bois et l'été il aidait à la moisson. Malheureusement ensuite, il a subi les affres de la guerre avec un long séjour sous le joug nazi en tant que prisonnier au Stalag 11. Vous y avez tout supporté : travail dur, vexations, privations, peur sous les bombardements alliés.

Vous êtes de retour le 22 avril 1945 et le 25 août

vous êtes devant le maire de Fontenay pour vous unir avant de recevoir le sacrement à l'église par le curé Hatteau d'Orgères remplaçant le curé de la paroisse parti en voyage.

Tous les deux vous reprenez le café que vous tiendrez jusqu'en 1955. La clientèle venait des fermes alentours; celles-ci employant une main d'œuvre importante. Vos trois enfants vous ont donné huit petits enfants. En parallèle la vie continue dans la maçonnerie jusqu'à la retraite en 1972. C'est un homme actif au service aussi des autres : la compagnie de sapeurs pompiers vous compte dans son effectif. Vous participez aux animations de la commune et beaucoup d'anciens se rappelle de vos prestations de chanteur surtout avec une certaine « tête de viau » Votre retraite est paisible et vos profitez de ces moments pour continuer à parcourir la commune avec tous ses atouts : la Conie, les bois, chercher des champignons, des escargots... et s'occuper du jardin. Des ennuis de santé cette année vous ralentissent, ils ne seront que mauvais souvenirs dans quelques temps.

En tout cas, vous laisserez des souvenirs dans la commune : les maisons que vous avez construites pendant votre activité de maçon.

Renée et Léon.

Je suis heureux de mettre aujourd'hui l'écharpe tricolore, les mariages devenant de plus en plus rares. Pour moi cet cérémonie me change des mauvaises nouvelles que nous diffuse la télévision.

Le village vous accueille à bras ouverts. Nos jubilaires du jour ont tout pour faire la fête : dynamisme, gaieté,santé et jeunesse d'esprit.

L'an passé lors de ton départ du conseil municipal, je t'avais dit que vous vous étiez bien intégrés à la vie du village au point d'être élu au conseil.

Vous êtes passés devant monsieur le maire d'Hénin Liétard il y a cinquante ans et un jour. Cette commune s'appelle maintenant Hénin Beaumont. Votre rencontre n'a pas été difficile: vous étiez dans le même village et le jeune garçon passait devant une certaine maison régulièrement. C'est donc naturellement que les deux tourtereaux se sont rapprochés pour finalement se marier.

Dès le début de votre mariage après la naissance de votre première fille vous êtes contraint à être combattant au service de la France en Algérie. Ensuite deux autres filles égayent la maison. Et vous êtes aujourd'hui cinq fois grands parents et deux fois arrières grands parents.

Votre vie a été marquée par le rythme du travail : filatures, usine Renault, les écoles pour vous madame; la mine, Renault aussi, la RATP ... Tout cela avec une évolution dans la hiérarchie. Vous n'avez pas oublié les fêtes dans le Nord telle la Ducasse qui durait trois jours en mai et septembre...

Toujours en ville pour le travail, dès que vous avez pu, vous avez cherché une maison à la campagne et vous vous retrouvez en face de la mairie où vous êtes aujourd'hui. De résidence secondaire, cette maison devient la résidence principale, la maison de vos jours de retraite. Vous en profitez pleinement : promenades, jardinage, chasse, piégeage, aide aux voisins et recevoir la famille : les meilleurs remèdes et source d'un grand bonheur.

Je vous souhaite de pouvoir fêter encore beaucoup d'anniversaires et comme cela est parti, vous pouvez voir dans l'avenir une quatrième génération.

Georgette et André.

Dans ce village de moins de cent cinquante Fontenaisiens et Fontenaisiennes, on a pris l'habitude de vivre longtemps ensemble à l'image de ces noces d'or précitées. Pourtant le val de la Conie avec ses marais a été lieu de maladies tel le paludisme avant le vingtième siècle. La réalisation du canal de la Conie, cette fausse rivière qui est la résurgence de la nappe phréatique de Beauce, améliore la santé des habitants.

Philippe Gaujard, maire pendant de nombreuses années, a toujours défendu la morale et la fidélité dans le mariage. Presque le suppléant du curé du village pour prêcher les bons comportements et suivre le droit chemin. Il est aussi l'historien de sa commune.

Deux Bernard sont nés à Fontenay, tout comme Philippe et se sont unis à des filles soit natives du village ou y venant en famille toutes jeunes.

C'est une véritable histoire du village que d'entrer dans la vie de ces couples qui ont même fêté leurs soixante ans de mariage.

Contrairement aux précédents discours dont je n'ai fait que des résumés en gardant l'esprit de celui qui a officié au renouvellement de l'engagement du mariage, pour ces deux derniers couples, je reproduis intégralement les textes qui ont été lu en mairie à chacune de ces occasions de fête en famille. Bonus pour l'un des deux, l'homélie du curé qui a aussi reçu les époux pour renouveler dans la bonne humeur leur engagement devant Dieu. Le second couple aura la surprise de se retrouver pour leurs soixantes ans de mariage devant un nouveau maire, une maire.

J'espère que ces intégrales vous permettront de vous plonger encore plus dans l'ambiance de ce village qui est le centre de la Beauce.

C'est pour moi un grand honneur et un grand plaisir que de pouvoir accueillir nos jubilaires, car cinquante ans de mariage, ce n'est déjà pas si commun, mais surtout quand on voit la vie bien remplie que vous avez eue, le temps a dû passer très vite.

Vous avez mené de front votre vie familiale et votre vie professionnelle avec habileté.

Vous connaissant sans doute depuis votre tendre enfance, vous n'allèrent pas loin l'un de l'autre pour vous rencontrer car vous êtes nés tous les deux à Fontenay.

Le travail a jalonné toute votre vie, même de très bonne heure, car à cette époque dès la sortie de l'école, vers treize ans, on ne flânait pas, c'était le travail dans les fermes. Mais en dehors des périodes de labeur vous saviez vous divertir entre copains d'une part et amies d'autre part avec les kermesses et fêtes de village.

Libéré le 4 mars 43 par anticipation, à la suite d'une blessure au genou, vous revenez de trois ans de captivité en Prusse orientale.

Le 22 mai 1943 vous vous présentiez ici-même, tous les deux, plein de joie et d'entrain, d'amour et d'admiration l'un pour l'autre pour vous engager et fonder une famille.

L'engagement que vous avez fait en 1943, vous ne l'avez jamais remis en cause, et votre fidélité est sans faille, l'amour des premiers temps se transforme au fil des années en tendresse, délicatesse et le compagnon de plusieurs années est indispensable, on ne peut imaginer une séparation, un abandon, ne serait-ce qu'un moment, l'attachement que vous avez l'un pour l'autre est sans ombre, vous êtes tous les deux un exemple de constance et d'attachement aux principes moraux qui manquent parfois maintenant.

Cinquante ans ont passé et nous voilà au même endroit pour revivre ces moments inoubliables et cela nous réjouit tous.

Entre temps que de choses vécues ensemble. La vie est peut-être une succession d'épreuves et de moments plus ou moins difficiles, vous avez sû les surmonter, mais également quand on sait le reconnaître, vous avez beaucoup de bonheur avec vos sept enfants et vos petits enfants.

Vous avez dû fournir beaucoup d'activités tout au

long de ces cinquantes années, déjà avec la reprise de l'entreprise familiale de maçonnerie et, comme il faut bien se répartir les tâches vous Bernard avec toutes vos occupations professionnelles mais aussi chef du corps de sapeurs pompiers, chantre pour toutes les cérémonies religieuses, puis aussi conseiller municipal (pendant trente ans et douze ans adjoint), responsable des anciens prisonniers et naturellement acteur de toutes les manifestations communales. Et vous Marie avec les naissances qui se sont succédées vous avez eu beaucoup de travail à la maison, d'ailleurs la joie que vous aviez d'avoir des enfants vous stimulait pour être toujours gaie et disponible, toujours prête à rendre service, et l'on peut dire que vous avez toujours tenu votre rôle de mère et d'épouse modèle. Le dévouement est naturel chez vous, vous êtes le rayon de soleil de la maison, le parfum des fleurs qui odore(sic) votre vie de tous les jours, le chant des oiseaux du matin qui réjouit votre entourage, la lumière qui illumine toute sa famille, la présence permanente qui rassure. Vous rendez visite et service à beaucoup de personnes âgées.

Avec la retraite c'est là qu'on se retrouve un peu plus, vous pouvez choisir vos occupations, jardinage, promenades, lecture, jeu de boules, jeu de cartes, visite chez vos enfants mais aussi broderie pour madame, sculpture sur bois pour monsieur qui avait fait des merveilles et surtout vous avez la joie de retrouver vos enfants et petits enfants qui sont pour vous la source d'un grand bonheur.

Que tout ce que vous vivez maintenant dure le plus longtemps possible et je vous félicite pour votre fidélité, qualité naturelle pour un bon nombre d'entre nous, mais qui est remise en cause par les nouvelles générations.

Félicitations aussi pour votre attachement à Fontenay, vous qui y êtes nés, et toujours restés. Notre village a la chance de vous avoir parmi ses habitants pour participer et animer les différentes manifestations.

L'harmonie au foyer est la plus belle des musiques
L'espérance : Ne fais pas beaucoup de bruit mais donne un sens aux événements.
Déniche toutes les   lueurs d'espoir
A toujours un petit mot gentil à dire à la souffrance
Est sereine dans l'adversité, pacifiste malgré la provocations des armes.

Je vous souhaite d'avoir encore pour de nombreuses années le bonheur d'être en bonne santé, c'est là, un bien inestimable

En guise de conclusion, étant moi-même né à Fontenay, on devient presque chauvin pour notre village qui est un havre de paix avec tous les bois qui nous environnent et surtout quand on a comme vous connu une vie en commun exceptionnelle et si pleine avec le bons sens en plus.

A vous Jean, Marie-Thérèse, Agnés, Cécile, Etienne, Geneviève, Anne vous pouvez vous dire que vous avez de la chance de faire partie de cette cellule familiale et d'avoir comme parents les jubilaires de ce jour.

Permettez moi de vous offrir ces fleurs au nom de la commune....

23 mai 1993.

Les jubilaires entourés de toute leur famille se rendent ensuite à l'église située à plusieurs dizaines de mètres de la mairie.

Le curé qui connaît bien Bernard lui a préparé une homélie exceptionnelle dont voici le texte intégral à l'exception des quatorze renvois donnant les références des citations.

Fontenay-sur-Conie – VII° Dimanche de Pâques –
23 mai 1993

NOCES d'OR de Bernard et Marie DAUBIN

Frères et sœurs,

Il y a très exactement cinquante ans et un jour, Bernard Daubin et Marie Boizard unissaient ici même, en l'église de Fontenay-sur-Conie, leurs deux vies.

Cinquante ans : un demi siècle ! Cinquante ans : une pentecôte d'années ! Riche moisson de grâces, pour laquelle Bernard et Marie ont voulu remercier le Seigneur. Ils ont tenu à nous associer à leur action de grâces : délicate attention, dont nous les remercions chaleureusement.

L'usage veut qu'en pareille circonstance on lise l'Acte de mariage : je ne me déroberai pas à la coutume. Le mariage de Bernard et Marie fut présidé par l'abbé Louis Lefeuvre, ancien curé de Fontenay, devenu premier vicaire à la cathédrale. L'acte fut rédigé par l'abbé René Vétélé, curé en exercice. Le voici : L'an Mil neuf cent quarante trois, le vingt deux Mai, etc...

Le 22 mai 1943, la France était occupée. Bernard Daubin, le troisième d'une famille de six enfants, rentrait tout juste de captivité, une captivité qui l'avait retenu trois ans en Allemagne dans les Stalags 1A (près de Königsberg en Prusse orientale) et 11A (près de Magdebourg, capitale de la Saxe prussienne). Marie Boizard, aînée d'une famille de six enfants l'avait attendu. J'imagine que la joie des retrouvailles fut grande. L'union, scellée sous le regard de Dieu en cette église le 22 mai 1943, fut féconde : sept enfants, tous vivants, en sont les fruits. Aujourd'hui, Bernard et Marie comptent huit petits enfants.

Les jubilaires m'ont discrètement fait savoir qu'ils ne souhaitaient pas un panégyrique et qu'un éloge funèbre leur paraissait prématuré. Sur ce dernier point nous sommes tombés d'accord. Toutefois, je ne crois pas que je doive passer entièrement sous silence le fait que Bernard a assumé les fonctions de chantre, interprétant avec compétence et talent les principales pièces du répertoire grégorien. En cela il suivait une tradition familiale, puisque son père, Vincent Daubin, fut lui-même, sa vie durant, chantre à Fontenay, et que Jacques, son frère, ancien maire de Fontenay est fidèle au poste.

À Fontenay, la tradition veut que les chantres portent un costume de chœur, qui les assimile au clergé. Néanmoins, j'ai certainement outrepassé mes droits quand, plaçant une dalmatique sur les épaules de Bernard, je l'ai promu « diacre d'un jour », ou plutôt « diacre d'une nuit ». Mais quelle nuit ! La nuit de Pâques, celle qu'on appelle « la mère des saintes veillées ». Je ne le regrette pas. Quels beaux souvenirs je garde de ces nuits-là ! Toute ma vie j'entendrai Bernard proclamer : *O vere beata nox*, Bienheureuse Nuit ! – *O felix culpa,* Heureuse faute (d'Adam) qui nous a valu un tel Rédempteur ! Si je pouvais exprimer un vœu en ce jour, ce serait que Bernard et Jacques fassent des disciples. Après tout Béranger a trouvé un successeur. Pourquoi les chantres n'en trouveraient-ils pas ? Je veux parler de successeurs capables d'exécuter le chant grégorien. Ce chant vénérable a traversé les siècles. Je suis convaincu qu'il ne doit pas mourir. Mieux que cela, je suis persuadé qu'il connaîtra un nouvel essor. Quand ce jour sera venu, ceux qui, en un siècle de vandalisme, auront défendu les admirables mélodies grégoriennes feront figure, non d'attardés, mais de précurseurs. Ainsi nous apparaissent maintenant les obscurs , les sans-grade qui, au XVIII° siècle, ont protégé l'art du Moyen Age, alors qu'à Chartres le clergé « éclairé » , le Chapitre de la cathédrale, détruisait allègrement le jubé, chef d'œuvre incomparable du XII° siècle, et brisait sans broncher huit verrières du chœur.

Pour ma part, je prends plaisir à étonner mes confrères canadiens en leur disant que « je sais une église au fond d'un hameau » où l'*Exsultet* est chanté en latin par quelqu'un qui, pendant trente ans, exerça la profession de maçon. Il est vrai que ce maçon est un artiste, sculpteur sur pierre et sur bois, mais je n'en dirai pas plus : je craindrais de blesser sa modestie.

Cependant, la plus belle réussite de Bernard et de Marie Daubin, c'est leur foyer. J'imagine – mais je m'empresse de dire que je n'ai point reçu de confidences à ce sujet – que, comme tout le monde, Marie et Bernard ont connu l'épreuve, l'épreuve au sens biblique, celle que Dieu envoie à ceux qu'il aime, afin de tester leur fidélité. Leur foyer a tenu bon. Leur maison accueille régulièrement pour les fêtes les enfants et petits enfants : « Heureux ceux qui craignent le Seigneur et marchent sur ses voies... Leurs fils sont comme des plants d'olivier à l'entour de la table »

Nous connaissons tous des couples moins heureux, des foyers éclatés. Loin de nous la pensée de leur jeter la pierre ! Nous devons les plaindre plutôt, plaindre les enfants écartelés, panser les plaies si nous le pouvons. Ce que nous devons contester, en revanche, ce sont les explications prétendument scientifiques, que l'on avance pour justifier ces divisions et ces éclatements. La monogamie, nous dit-on, était bonne autrefois, quand l'espérance de la vie humaine variait entre quarante et cinquante ans. Aujourd'hui, avec une longévité accrue, il est normal – il est même souhaitable, renchérissent certains -- de changer de partenaire. Voire ! Heureusement, il y a encore des foyers qui tiennent bon. C'est que leur maison était fondée, non sur le sable mouvant des théories à la mode, mais sur le roc de l'évangile : « Ce que Dieu a uni, l'homme ne doit pas le séparer ». Il faut toujours en revenir là. Certes, Jésus nous a donné l'exemple d'une grande bonté, et même d'une sympathie affectueuse envers ceux qui ont achoppé : la Samaritaine, la femme adultère. Remarquons, cependant, qu'il n'a pas dit à la Samaritaine : « tu as eu cinq maris, prends-en un sixième ». Il lui a dit : « tu as eu cinq maris, et l'homme que tu as maintenant n'est pas ton mari ». Jésus a pardonné à la femme adultère, mais il ne lui a pas dit : « C'est bien, continue mon petit ». Il lui a dit : « Va, désormais ne pèche plus ».

La fidélité conjugale est une grâce précieuse. Elle est le modèle et l'exemplaire de toute fidélité. C'est à elle que se réfère la Bible, lorsqu'elle veut parler du lien qui lie Dieu à son peuple. C'est à elle que se réfère saint Paul, quand il parle de l'amour du Christ pour son Église. Dans la belle prière que Jésus adresse à son Père en l'évangile de ce jour, nous lisons : « J'ai fait connaître ton Nom aux hommes... et ils ont gardé ta parole ».

Autrement dit : ils ont été fidèles. De même, dans le psaume qui suivait la première lecture, nous avons dit :

> J'ai demandé une chose au Seigneur,
> la seule chose que je cherche :
> Habiter la maison du Seigneur
> tous les jours de ma vie.

La maison ! Le foyer ! Mots riches de sens et chargés d'émotion ! Pour ceux du moins qui ont un foyer et une maison. Pour eux la maison familiale peut être, doit être l'image de la maison de Dieu. « Habiter la maison du Seigneur », c'est se sentir chez soi dans l'Église du Christ, heureux de porter le joug – combien léger – du Christ. Dans cette maison, nous distinguons une figure féminine, celle-là même qui accompagnait les Apôtres quand, après l'Ascension, ils persévéraient dans la prière, à savoir Marie, mère de Jésus. Avec Marie nous demandons au Seigneur qu'il comble de ses grâces Bernard et Marie Daubin, leurs enfants et petits enfants et tous ceux qui leur sont chers. Madame Daubin porte le nom de la mère de Jésus. Nous nous en autoriserons pour chanter, à l'offertoire, le « Je vous salue Marie ». Cette petite liberté que nous prenons avec les textes liturgiques du jour n'a rien de condamnable : elle peut se recommander de la tradition la plus authentique.

Que cette fête de famille soit aussi la fête de la famille paroissiale et l'occasion, pour nous tous ici présents, de renouveler notre attachement au Christ et à son Évangile ! En vérité, cette célébration familiale s'harmonise assez bien avec les thèmes d'un dimanche qui, situé entre l'Ascension et la Pentecôte, baigne dans la lumière de l'une et de l'autre. Jeudi dernier, nous contemplions le Christ remontant vers son père, et nous nous réjouissions de son triomphe, qui est aussi notre triomphe, puisque, par le Christ et dans le Christ, notre nature, indissolublement unie à la nature divine, prend place à la droite du Père. Aujourd'hui, avec l'Église toute entière nous sommes dans l'attente du Don promis, le Saint Esprit. Pour les jubilaires, Marie et Bernard, pour nous-mêmes et pour le monde entier disons avec confiance : Envoie nous ton Esprit, Seigneur, Esprit de vérité, Esprit de sagesse et d'intelligence, Esprit de conseil et de force, mais aussi de tendresse, de douceur, de compréhension mutuelle et de charité.

Amen.

Nous sommes dix ans plus tard, Marie et Bernard sont de nouveau devant monsieur le maire...

14 juin 2003

Mesdames, messieurs,
Chère madame Daubin, cher monsieur Daubin.

Il y a dix ans déjà, nous étions tous ici présents pour vos cinquante de mariage et j'ai l'impression que rien n'a changé, vous n'avez pas changé, vous êtes toujours pareil. Pourtant c'est bien vos soixante ans de mariage que nous fêtons ici, et je suis heureux de ceindre l'écharpe tricolore pour cette occasion.

J'ai bien remarqué vous que n'êtes pas allés bien loin pour vous connaître et vous promettre fidélité. L'engagement que vous vous êtes donné le 22 mai 1943, il y a soixante ans, jamais vous ne l'avez remis en cause et cela vous honore; cela fait plaisir de vous voir, et de voir les couples tels que vous, attentionnés et bienveillants envers leur conjoint. Vous êtes de cette génération où l'on pense plus à ses devoirs qu'à ses droits, au pardon plus qu'à la rancune.

Je ne voudrai pas répéter ce que j'avais dit il y a dix ans, le siècle et millénaire dernier, mais je ne peux m'empêcher de parle de votre vie si bien remplie, en élevant une si belle famille car je mets la famille en premier.

C'est un exemple à rappeler... Il est original de constater aujourd'hui que vous avez sept enfants, huit petits enfants et neuf arrières petits enfants. Vous avez su conjuguer l'éducation de votre nombreuse famille et toute les activités communales, paroissiales et professionnelles.

Avoir des enfants, c'est un des buts principaux du mariage, là, vous avez réussi également, à les voir heureux comme vous l'êtes; faire de que l'on à faire, et le faire avec agrément, avec le sourire, et tout est bien.

Nés tous les deux vers la fin de la première guerre mondiale, vous êtes confrontés aux affres de la deuxième guerre mondiale, avec toutes les souffrances morales et physiques qui s'y rattachent.

Pour Bernard, je reviendrais sur toutes vos occupations en dehors de votre entreprise de maçonnerie que vous aviez reprise de la famille Daubin; vous avez entre autre, repris également, la devise « vite fait, bien fait ! » qui était une référence dans la région.

Donc, dès l'âge de treize ans, vous chantez le grégorien à l'église, et ce bénévolat ne s'arrêtera jamais jusqu'à aujourd'hui, enterrements, mariages, messes, vêpres…

Vos talents de chanteur ne s'arrêtent pas à l'église, aux fêtes du village votre répertoire est étendu et de qualité, l'ambiance du 14 juillet entre autres, est exceptionnelle, avec la farandole autour de la vieille route et les repas ne se terminent pas sans vos chansons.

Au conseil municipal pendant trente années, dont douze comme adjoint, vous êtes une figure du village, sinon une référence; en qualité de maçon, vous faites partie de la commission des travaux.

La compagnie des sapeurs pompiers de Fontenay vous a comme chef de corps jusqu'à sa dissolution en 1975.

Vous êtes également responsable au niveau cantonal des anciens prisonniers combattants de la guerre 39-45, qui ne sont pas très nombreux maintenant avec les années qui passent.

Pour vous madame Daubin, qui avez su accompagner votre mari dans toutes les occasions, en l'assistant au mieux avec dévouement, avec le sourire, vous allez rendre visite aux uns et aux autres, organiser et entretenir toute la maisonnée, sept enfants ce n'est pas rien à élever.

Après avoir fait de la sculpture sur bois, jouer aux boules, vos activités de retraite se sont tournées vers les jeux de cartes, la télévision et ses jeux, la lecture, la broderie, le jardin vous procure encore bien du plaisir et des occupations.

Vous êtes toujours restés fidèle à Fontenay, village si attachant, avec ses bois et sa Conie, qui apparaît puis disparaît et qui revient quand on ne l'attend plus; c'est ce qui fait le charme de notre région si attachante. Et puis maintenant que Fontenay est déclaré « Centre de la Beauce » nous en sommes un peu fier; d'ailleurs les promeneurs qui longent les marais ne s'imaginent pas être en Beauce…

Mais le principal aujourd'hui, c'est de vous voir heureux et en bonne santé pour vos quatre vingt cinq et quatre vingt trois ans. Je vous vois prendre le volant comme des jeunes. Merci encore de nous montrer le bon exemple d'une vie bien remplie au sein de notre village, avec tout le bénévolat que vous avez pratiqué au cours des décennies passées, nous en sommes redevables à plusieurs titres, cela est reconnu par tous les habitants.

Vous êtes, tous les deux, un exemple de constance et d'attachement aux principes qui manquent dans notre société, je veux dire l'honnêteté, la délicatesse, l'attention, la prévoyance, le sérieux.

Merci pour tout ce que vous avez fait, et que votre vie à tous les deux continue pareillement sans la maladie, que votre bonheur rayonne encore autour de vous pour longtemps encore.

Au nom de la commune, je vous offre ces fleurs …

24 avril 2004

Mesdames, messieurs, chers jubilaires

Bernard et Jeannette, c'est pour moi un grand plaisir et un grand honneur de présider cette petite cérémonie, qui me donne l'occasion de ceindre l'écharpe tricolore.

Il y a donc exactement 50 ans aujourd'hui que vous prononciez le oui pour un engagement que vous avez toujours vécu dans le travail, les joies et les peines de tout un chacun.

Vous vous mariez à Issy les Moulineaux.

Vous vous êtes connus naturellement à Fontenay, Bernard étant un enfant du pays, et Jeannette ayant une tante habitant Fontenay, et puis, Roger frère de Bernard, Suzy sœur de Jeannette étaient déjà mariés, autant d'occasion de se rencontrer. C'est à un 14 juillet que cela commença pour de bon.

Vous savez que je suis attaché à tout ce qui respecte nos valeurs morales, et le mariage est un de ces élé-

119

ments. Une société digne de ce nom a besoin de ces repères qui encadrent notre vie. Il faut un minimum de références au respect l'un envers l'autre, pour qu'un simple bonheur s'installe au sein de couple.

50 ans passés l'un avec l'autre, ce n'est pas rien, surtout avec l'évolution des mœurs, il faut savoir faire des concessions permanentes.

Et puis à Fontenay tout va si bien, au milieu d'un environnement que beaucoup nous envie, avec ses bois et ses marais, sa tranquillité, sa faune si diverse. La nappe de Beauce est haute en ce moment, profitons-en, car un jour nous reverrons la Conie à sec, c'est une évidence que nous ne pourrons pas éviter d'ici quelques années.

Donc Bernard, un enfant bien de chez nous est né à Fontenay le 6 décembre 1933 au sein d'une famille de sept garçons et trois filles. Vous êtes allé à l'école à Fontenay. A la sortie de la classe, vous êtes comme tous les jeunes à l'époque dans les fermes, chez monsieur Tiercelin et monsieur Boizard, puis chez Cornet, le marchand de grains. Arriva le départ pour un an à Aubervillers dans une fonderie d'aluminium, après votre mariage, et avoir eu Serge, comme tout jeune homme, à 20 ans vous faites votre devoir de citoyen, vous êtes incorporé au génie à Satory comme chauffeur du toubib commandant. Vous êtes maintenu six mois de plus en raison de la guerre d'Algérie. Libéré à la naissance de Nadine après avoir passé deux ans sous les drapeaux.

Après l'armée vous entrez chez Renault au secteur caoutchouc puis comme chauffeur jusqu'à la préretraite à 55 ans.

Jeanne, Jeannette pour tout le monde, vous êtes née à Paris dans le XIVéme le 25 septembre 1932. Vous passez votre jeunesse à Issy les Moulineaux. De 1941 à 1946 vous allez à Aumoujet et près d'Epinal dans les Vosges, à la campagne on mange un peu plus à sa faim. Vous êtes la dernière d'une famille où il y a eu dix-huit naissances, neuf ont vécu.

Vous commencez par travailler chez Micatube pour assembler des petites lampes de téléphone, puis chez javel Lacroix, porte de Versailles, après quoi vous passez cinq ans aux biscottes Reinette. Ensuite vous travaillez aux écoles à Clamart et puis vous gardez des enfants. Toute une vie de travail avec en plus l'éducation des enfants. Oui, vous avez eu quatre enfants, Serge en 1955, Nadine en 1956, Didier en 1958 et Sandrine en 1970. Vous avez huit petits enfants et bientôt neuf.

Vous êtes prévoyant car vous achetez votre maison de retraite en 1975 à Fontenay bien avant votre retraite en 1988.

Vous êtes des gens bien de chez nous qui ne faites pas de manières, sur qui l'on peut compter et faire confiance. Votre porte est ouverte à tout le monde. Vous êtes heureux d'accueillir les week-end votre famille.

Vous profitez maintenant d'une retraite bien méritée au sein d'un village que vous connaissez bien et qui vous a accueilli à bras ouverts. Vous vous êtes bien intégrés, vous participez à toutes les manifestations.

Si on vous demande un service, c'est avec empressement que vous répondez présent.

Vous avez toujours gardé l'esprit de la campagne malgré vos nombreuses années passées en ville. Fontenay est heureux d'avoir des gens comme vous qui faites la vie du village. Vous entretenez votre jardin à merveille, que dis-je, plusieurs jardins, et puis les fleurs, vous savez en faire profiter vos voisins et amis, j'en sais quelque chose.

Votre maison donne sur la cour du parlement, on y parle beaucoup. La télévision occupe vos soirées.

J'espère de tout cœur que vous puissiez profiter de votre retraite encore longtemps

Bonne route à tous les deux.

26 avril 2014.

Bernard et Jeannette,

Je tiens tout d'abord à vous remercier car grâce à votre mariage, vous me permettez de ceindre officiellement cette écharpe tricolore pour la toute première fois en tant que maire.

Vous vous êtes mariés le 24 avril 1954 à Issy les Moulineaux, il y a soixante ans et ce sont des noces de diamant que vous célébrez aujourd'hui.

Jeanne vous aviez vingt et un ans, mais vous Bernard, vous n'étiez pas majeur. À vingt ans et demi, il vous a fallu l'autorisation de vos parents pour épouser Jeannette. Il est vrai que le petit Serge avait déjà quelques jours et c'est une époque où la morale avait une toute autre valeur qu'aujourd'hui. Votre mariage était donc une évidence.

Entre vous, tout commença lors d'un 14 juillet à Fontenay, vous savez ces fameux 14 juillet qui font la réputation du village, où l'on s'amuse et qui sont souvent mémorables. Cette année là, cela a été la votre.

Vous vous êtes installés à Clamart. Bernard vous êtes appelé sous les drapeaux à Satory dans le génie pendant deux ans et l'on vous libère à la naissance de Nadine en 1956. Vous travaillez à la fonderie d'aluminium puis vous rentrez chez Renault en 1957. En 1958 c'est l'arrivée de Didier.

Pendant ce temps, Jeannette vous travaillez aux biscottes Reinette à Vanves, puis comme femme de service aux écoles jusqu'à l'arrivée de Sandrine en 1970. Depuis vous avez eu neuf petits enfants et une arrière petite fille, Jade née en 2012. Vos « Mickey » et « Mickette » comme vous aimez les appeler, Jeannette.

En parallèle de Clamart, vous venez à Fontenay régulièrement. Au début, c'est chez les parents de Bernard rue de l'Arche, puis en 1975, vous achetez le café du village qui deviendra la maison familiale. Vous la retapez le week-end et c'est en 1988 que vous venez vous installer définitivement à Fontenay en pré-retraite.

Il y a dix ans, lors de vos noces d'or, Philippe Gaujard vous avait lu un discours dans lequel il disait que la nappe de Beauce était haute, qu'il fallait en profiter car la Conie serait à sec d'ici quelques temps. C'est un secret pour personne : Philippe connaît parfaitement ce sujet. Hé oui, on ne peut que constater que durant ces dix dernières années elle a bien été à sec et on peut se réjouir de la voir monter à nouveau. C'est bien cyclique, profitons-en.

Mais revenons à vous, Bernard, vous avez depuis soixante ans vos petites habitudes, comme apporter tous les matins le café au lit à votre femme, puis vous aimez faire votre tiercé à Voves. Selon la saison, c'est votre jardin que vous bichonnez. Vous aimez fleurir votre cour.

Jeannette, après avoir beaucoup tricoté, ce sont les mots mêlés qui occupent une bonne partie de votre temps.

Bien sûr, il y a une époque où vous alliez aux champignons tous les deux, mais l'histoire ne dit pas si vous en trouviez beaucoup… De même Bernard, si nous avions un peu de temps, il faudrait nous expliquer comment un jour la côte de la mare s'est retrouvée face à vous… Enfin c'est sûrement dû aux petits mystères de la vie

Aujourd'hui, nous ne pouvons que nous réjouir de vous voir tous les deux. Vous êtes des personnages de notre village, gentils, serviables et toujours prêts à rendre service.

Nous vous souhaitons tous nos vœux de bonheur et que l'histoire dure encore très longtemps.

Depuis l'écriture de ces pages les maires ont continué à célébrer des mariages dans ces deux communes.

Ce sont mes bonnes relations personnelles avec Serge Fauve à Marboué et Philippe Gaujard à Fontenay sur Conie qui m'ont permis d'avoir en main les textes de ces discours. Les maires ont liberté de cette possibilité d'accueil des futurs mariés en prononçant un discours. Plus ou moins long, c'est une façon de recevoir le couple dans la maison du peuple, lieu de l'engagement des époux pour la vie civile à deux.

Je les remercie de leur confiance.

Autres ouvrages de l'auteur parus aux éditions Books on Demand :

2010. - Roman d'une vie en Beauce.
Prix du manuscrit 2009 du pays de Beauce et du pays Dunois.

- La vie tout simplement. Poésies et pensées.

2011. - Piaux d'lapin, Piaux !
Enquête policière et homoristique en terre de Beauce Dunoise.

2012. - Des ballades et des rêves. Poésies.

2013. - Histoires extraordinaires de chez nous, en Beauce et d'ailleurs. Contes, légendes et histoires vraies.

2015. - Drôles d'histoires en pays bonnevalais.
Légendes ou histoires vraies ?

- Les ciboires, Léandre et autres découvertes.
Encore une aventure de notre « Piaux d'lapins »

Vous pouvez joindre l'auteur par mail :
« dd28ecrit@orange.fr »

Les illustrations de couverture et d'en-tête (page 2) sont des réalisations en Pergamano de Mauricette, mon épouse qui se fait plaisir dans cet art.